Dominique GEORGES

Histoire de naissance

Mettre en Lumière votre Naissance

EDILIVRE

Remerciements

Tout d'abord merci à mes parents de m'avoir accueillie dans leur famille.

Merci à Pascale, ma sœur jumelle, de m'avoir accompagnée pour ce voyage.

Béatrice ma petite sœur.

Désolée Papa : 3 filles alors que tu désirais au moins un garçon, tu nous as quittées juste avant la sortie de ce livre merci d'avoir été le papa que tu as été !

Merci Maman j'ai beaucoup appris grâce à notre relation difficile qui est devenue agréable par la suite.

Merci à Yves, mon mari qui a dû aussi subir mes changements et subvenir pendant un temps aux besoins de la famille après mon changement d'orientation.

Merci à mes enfants : Matthieu, Romain et Emeline d'être les enfants qu'ils sont, je suis fière d'eux !

Merci à tous ceux et celles qui ont insisté pour que j'écrive un livre sur l'histoire de naissance.

Merci à Annie, Marie, Laurent, Stéphanie, Karen, Joëlle, Marie Christine, Mapi.

Agathe Raymond pour son soutien, son accompagnement et ses enseignements initiatiques.

Michel Charruyer qui a été le premier à me faire prendre conscience de l'importance de la naissance. Suite à quoi j'ai voulu en découvrir plus ; ce qui m'a amenée à Frédérique une amie sage-femme.

Lise Bourbeau et Jean Jacques Crèvecœur pour la richesse de leurs enseignements pour aller à l'essentiel en toute simplicité.

Frédérique : Sage-femme échographiste pour l'explication rationnelle et médicale de chaque accouchement et de la grossesse.

Tous ceux qui ont participé aux ateliers, formations,…

Ceux qui m'ont fait confiance en m'invitant pour des conférences et ateliers entre autres.

Ainsi qu'aux correcteurs de ce livre Laëtitia et Matthieu.

Je suis fière d'avoir été cette femme, professionnelle, épouse, maman, amie qui a su évoluer avec les années grâce aux expériences et aux connaissances. Beaucoup de changements qui m'ont fait peur, paniquer, m'ont déstabilisée et en même temps qui m'ont permis de grandir et d'être qui je suis aujourd'hui.

A tous mes clients et à vous tous qui allez découvrir mon livre, merci !

Introduction

J'ai découvert en 2005, lors d'une conférence suivie d'un atelier, l'importance de tout ce qui se passait autour de la naissance, cela a été une révélation pour moi.

Ma curiosité et mon besoin d'aller plus loin, m'ont amenée à être attentive et poser des questions à mes patients sur ce qui s'était passé pour eux.

Ce Livre est la conséquence d'une bonne dizaine d'années d'observations, de constatations, de recherches, auprès de parents et aussi auprès de sages-femmes, pour comprendre et avoir l'approche médicale de tout ce qui se passe pendant la grossesse, l'accouchement et des premiers mois de vie. Afin de relier cette période au vécu d'aujourd'hui.

Tout d'abord, les 27 mois autour de la naissance : moins 18 mois avant la naissance, les 9 mois pour la grossesse et les 9 premiers mois de vie. Les 27 mois est un concept mis en place par Jean Philippe Brebion (« L'Empreinte de naissance », Edition Quintessence).

Ce qui m'intéresse au-delà de ces dates, c'est tout ce qui s'est passé avant, pendant et après la grossesse.

J'ai eu envie de l'appeler "histoire de naissance" car j'avais l'impression, quand je faisais un décodage, de raconter une histoire. Oui c'est notre histoire, en tous les cas, celle qui a été mise en place à ce moment-là par papa, maman, la famille, la société, l'année,... Connaître l'histoire apporte de belles compréhensions et libérations, et permet de renaître à Notre Histoire.

Imaginez que nous ayons tous notre biographie et que chacun de nous puisse avoir la connaissance de l'histoire de l'autre. Evidemment cela changerait beaucoup notre vision, notre compréhension de l'autre et nous rendrait beaucoup plus tolérants.

L'histoire de naissance est là pour que vous repreniez les sens (essence) mêmes de votre histoire : Renaître à votre histoire...

Ce qui est important c'est de comprendre qu'en aucun cas l'histoire de naissance n'est un jugement, une critique des parents de ce qu'ils ont vécu, ou fait vivre à l'enfant à venir.

Ils ont fait comme ils ont su et comme ils ont pu, avec leurs connaissances et vécus du moment.

J'ai la conviction, malgré tous les drames et les catastrophes vécus à grande échelle, que l'être humain est foncièrement gentil et généreux. Le mouvement de solidarité que cela génère à chaque catastrophe est là pour le prouver.

En même temps, en lisant cela vous pouvez penser à ceux qui font du mal. Comment accueillir ces personnes sans les haïr ?

Il n'y a que des gens souffrant qui peuvent faire souffrir, cela ne leur donne pas raison bien entendu. Et bien souvent ils n'en ont même pas conscience, et en plus ils sont persuadés que ce sont eux les victimes de la vie.

Histoire de Naissance

Pour qui ?

C'est suite aux nombreuses consultations et conférences que je me suis rendue compte que les gens n'avaient pas conscience de l'importance de cette connaissance.

Que vous ayez 80, 60, 20, 5ans ou quelques mois, cette histoire parle à tous. Il est vrai que selon votre âge vous aurez, peut-être, moins d'informations que ceux qui sont plus jeunes. Rassurez-vous, vous connaissez ce qui est essentiel.

Quelques fois les personnes me disent « je ne connais presque rien de mon histoire », mais le "presque" m'intéresse et suffit amplement à découvrir quelque chose d'utile afin de libérer la personne.

J'aime travailler avec les situations du moment, je ne trouve pas utile d'aller gratter le passé pour dire de savoir.

Quand je dis ne pas gratter le passé, ce n'est pas l'ignorer. Notre vie est une répétition de sensations en écho avec notre vécu et même au-delà. Si nous devons connaître les choses utiles, elles reviennent à la surface, et souvent inconsciemment, pour être libérées sans que le mental ne s'y accroche.

J'ai rencontré tellement de gens qui savent !!

– « Ce que vous me dites, je le sais ! »

– « Très bien, et qu'en avez-vous fait ? »

Souvent leur réponse reste « rien » parce qu'ils « savent ». Et pour beaucoup c'est classé, sauf que vous les rencontrez dix ans après ils « savent toujours », et leur vie est remplie des mêmes difficultés.

Le but de ce livre n'est pas de vous expliquer tout ce qui peut être induit dans cette histoire de naissance, mais plutôt de donner la connaissance de l'importance de cette période !

C'est pourquoi ce livre sera une suite d'histoires, suivie d'explications des conséquences et des atouts que l'on oublie souvent.

Je me suis aidée de toutes les rencontres que j'ai faites lors de consultations privées, conférences et formations pour les histoires de naissances. Ce sont ces histoires que vous lirez dans ce livre.

Par respect déontologique, j'ai, à chaque fois, modifié le prénom ainsi que quelques informations.

L'importance de ce livre c'est que vous, vous puissiez faire des liens avec votre histoire ou celles de vos enfants. S'en suivra la compréhension du « pourquoi j'agis ainsi ? » ou « pourquoi, je ne veux surtout pas agir ainsi ».

Après seulement une conférence, les personnes me disent que cela leur a permis de libérer quelque chose d'important pour elles. Je vois souvent sur le visage du public, des émotions transparaitre suite à ce qui est entendu et c'est vraiment cela qui est important pour moi : ce que vivent directement les personnes, je le répète, quelques fois sans comprendre. Mais l'important c'est d'être libéré avec ou sans la compréhension.

En aucun cas je veux que vous ne preniez cela comme une vérité, c'est la mienne. Laissez juste faire les choses à la lecture ou à l'écoute de ce livre, si rien ne se passe c'est parfait pour vous et si quelque chose se passe cela l'est aussi.

Histoire de naissance

C'est quoi ?

C'est l'ensemble de tous les ressentis, vécus de papa maman (avec la famille, le travail, la société, les évènements,…) pendant la période autour de la naissance (avant la conception, pendant la grossesse et les premiers mois de vie).

En Psycho généalogie cette période est appelée : le Projet Sens.

Projet des parents (ou pas) et le Sens que cela a donné à ma vie ; ce n'est pas mon sens de vie mais celui donné par la famille et par l'histoire.

Nous pouvons prendre en compte :

∞ Tout ce qui s'est vécu : que ce soit pour papa, maman, dans le couple, la famille, mais aussi dans le travail, avec les amis,… ou encore l'accueil des grands-parents.

∞ L'accouchement : son déroulement, sa simplicité ou sa complexité, papa est-il présent pour la naissance ?

∞ Le monde médical : le soutien, les mots, l'efficacité et tellement d'autres choses…

Le but

Le décodage de l'Histoire de Naissance permet de mieux se comprendre et aussi de mieux comprendre l'autre (un enfant, un compagnon, un parent) : son comportement, son attitude et, de ce fait, de s'accueillir et d'accepter l'autre plus facilement.

Quand j'accepte l'autre, je le reconnais comme il est, je ne lui donne pas forcément raison.

Je me libère du jugement, de l'incompréhension, de la colère, des émotions désagréables finalement.

Exemple :

Vous êtes né en retard et vous aimez prendre tout votre temps. Votre conjointe, elle, est née dans l'urgence prématurément, elle est toujours impatiente et fait toujours tout vite.

Vous ne comprenez pas pourquoi elle est aussi pressée, et elle est énervée quand elle vous voit traîner et arriver toujours en retard.

De comprendre que ces comportements ont un rapport à votre façon d'être né va vous aider à accepter plus facilement votre conjoint.

« Quand j'accepte l'autre, je m'accepte plus facilement et quand j'accueille qui je suis, j'accueille l'autre aussi plus facilement. »

Lors d'un décodage, nous pourrons découvrir le « pourquoi je fonctionne comme cela ? ». (Pourquoi : Je suis colérique, je n'ose pas, vous savez c'est plus fort que moi, j'ai beau avoir toute la bonne volonté pour changer cela, mais ça ne fonctionne pas.)

Souvent je lutte contre, mais plus je lutte, plus c'est présent dans ma vie et plus je me critique…

Le décodage permet aussi de prendre contact avec nos valeurs, des atouts qui nous sont inconnus et pourtant très présents.

Qu'est ce qui me prouve que c'est vrai ?

En ce qui me concerne, ce sont mes dix années d'observations et d'approfondissements sur cette histoire qui m'ont permis de vérifier la pertinence de cet outil. Ainsi qu'aux retours des consultations, au changement radical chez certains enfants et tout particulièrement les petits jusqu'à 6 / 7 ans. Pour eux, il me suffit de raconter ce qui a été enregistré par l'enfant selon l'histoire que les parents me donnent. Et de l'expliquer à l'enfant pour que des changements se produisent.

Pour la grande majorité des personnes qui me consultent, après avoir fait le décodage et le lien avec le présent, je les accompagne au niveau inconscient avec mes outils thérapeutiques pour aller transmuter l'information et surtout faire ressortir les atouts enregistrés grâce à l'histoire.

Les Histoires

Paroles de médecins

Léonie

Une maman me contacte car depuis plusieurs mois, Léonie ne veut plus manger, ou en tout cas vraiment très peu, elle mange le strict minimum.

Son Histoire de Naissance

Papa veut un enfant mais pas forcément maman. Cette dernière va, au bout d'un certain temps, accepter d'avoir un enfant pour faire plaisir à son mari.

Lors de la 1ère échographie, le médecin détecte un souci.

« Ce bébé est beaucoup trop petit, il y a de forts risques qu'il ne reste pas, que vous fassiez une fausse couche. »

Pour éviter trop de souffrance une fois le moment arrivé, il conseille donc à cette maman :

« Faîtes comme si bébé n'était pas là, ne vous attachez pas, ce sera plus facile quand il partira car cette grossesse n'ira pas jusqu'au bout… »

Je demande à cette maman :

« Comment avez-vous réagi et qu'avez-vous fait suite à ce conseil ?

– J'avais arrêté de fumer, alors j'ai recommencé et j'ai repris le sport intensément, m'explique la maman. »

Cette maman reprend sa routine et se fait à l'idée du départ de cette grossesse.

Arrive le temps de la deuxième échographie, le même médecin dit :

« J'ai dû me tromper l'autre fois, tout est ok, tout va bien ! Soyez rassurée. »

Cela n'a pas empêché que la fin de la grossesse et l'accouchement se passent bien, tout comme les premiers mois.

Qu'a pu enregistrer Léonie ?

– Je suis là pour faire plaisir à papa, dans ma vie d'adulte, je vais faire en sorte de faire plaisir à l'homme. C'est grâce à papa que Léonie existe.

– Les médecins sont dangereux, ils me coupent de l'affection de maman, c'est comme si on me fait mourir car maman va vivre pendant un temps comme si bébé n'était pas là.

Pensez bien que pendant un mois au moins, cette maman n'a plus porté d'attention à son bébé pour ne pas s'y attacher. Ce qui peut programmer des manques affectifs : « Je me sens oubliée, abandonnée, je n'existe pas ! ». Maman ne veut plus de moi, je ne suis pas assez bien, je vais devoir faire des efforts pour être aimée par maman.

Afin de comprendre pourquoi Léonie ne voulait plus manger ou très peu. Je questionne :

« Ces derniers temps, Léonie a-t-elle été malade ? A-t-elle eu besoin d'un médecin ?

– Non, me répond sa maman, tout va bien pour elle. »

Je demande alors :

« Est-ce que quelqu'un d'autre autour de vous a été malade ?

– Oui ! me répondit sa maman, moi. J'ai dû être hospitalisée en début d'année !

– Comment cela s'est passé pour Léonie ?

– Très bien ! Elle est venue me voir souvent avec son papa mais, me dit-elle, j'ai été hospitalisée une deuxième fois. Cette fois dans un centre car les médicaments m'avaient fait prendre beaucoup de poids. D'ailleurs depuis que je suis rentrée, Léonie surveille tout ce que je mange en me demandant si j'ai bien le droit de manger ceci ou cela ! »

C'est à ce moment-là que j'ai compris la difficulté de Léonie :

Elle mangeait juste ce qu'il fallait pour ne pas prendre de poids car inconsciemment, elle croyait que « si je grossis, je serais hospitalisée, je verrais des médecins et je serais en danger, alors je fais tout pour ne pas grossir ! »

J'ai dit à la maman de raconter tout cela à sa petite fille, que ce n'est pas parce qu'elle mange qu'elle va prendre du poids et aller à l'hôpital. Et surtout que le médecin avait juste voulu la protéger en tant que maman, pour que vous ne souffriez pas si le bébé ne restait pas, et qu'en aucun cas c'était parce qu'elle ne voulait pas du bébé qu'elle était.

Quelques jours après Léonie recommençait à manger normalement.

Objectifs atteignables
(ce que l'on n'a pas perçu et qui fait partie de moi)

Léonie va pouvoir se nourrir de sa valeur intérieure, chercher à l'intérieur d'elle tout ce qui fait qu'elle est spéciale. Quels sont ses qualités, ses talents. Elle pourra prendre sa place, s'affirmer.

Affirmer veut dire agir avec fermeté sans combattre, juste en se positionnant.

Jules

La maman de Jules, vient me voir parce qu'elle a contracté une maladie transmissible et qu'ils ont appris la présence de celle-ci lors d'une grossesse. Selon les médecins, il fallait attendre 18 mois pour avoir la certitude que le bébé n'ait pas contracté le virus.

L'histoire de Jules

Je lui demande de me raconter l'histoire de Jules et comment se comporte l'enfant aujourd'hui.

La maman m'explique que les médecins et les équipes médicales avaient beaucoup de jugements et de critiques envers elle, comment était-ce possible de faire un enfant dans ces conditions (Virus) ?

Maman s'est senti très coupable, honteuse ; elle me raconte :

« Si j'avais pu, je me serais cachée dans un trou de souris pour ne plus que l'on me voit. C'était déjà tellement difficile pour moi d'apprendre cela, que d'entendre tous les jugements de l'équipe médicale rajoutait une souffrance à ce qui se passait. Ce fut une grossesse compliquée, et nous étions des parents perdus. Aujourd'hui, continue-t-elle, Jules a 3 ans, s'il était dans votre bureau, il serait caché sous votre table. En plus, il a un strabisme convergent » (déviation des yeux vers le nez ou plus familièrement « loucher »). Je me dois donc de le surveiller en continu, je dois toujours l'avoir à l'œil. Qu'est-ce que Jules peut bien avoir à surveiller ? C'est le virus ! Pour ne pas être atteint par ce dernier, Jules se cache, pour ne pas souffrir comme maman qui elle a vécu le fait d'être vue, d'être à découvert, comme un danger, d'être jugée, critiquée, rabaissée… En somme : souffrir !

Je demande à cette maman d'expliquer à Jules son histoire et de le rassurer, qu'à trois ans il peut être tranquille, car il est en sécurité et que le virus n'est plus un danger pour lui. A la visite suivante, la maman m'a dit : « quand je suis partie de chez vous je me suis dit, je veux bien y croire mais cela à l'air si simple… Comme je ne risquais rien à lui dire tout cela, je l'ai fait. » Deux jours plus tard, il ne se cachait plus et 3 semaines après, le strabisme avait fortement diminué. J'ai rencontré Jules quelques semaines plus tard, il est venu facilement vers moi sans se cacher.

Objectifs atteignables
(ce que l'on n'a pas perçu et qui fait partie de moi)

Jules pourra se mettre en avant, être vu avec fierté et plaisir.

Les Mots et les nausées

On pourrait penser qu'il est normal et naturel d'avoir des nausées les trois premiers mois de la grossesse. Ce serait normal si toutes les femmes le vivaient cependant c'est loin d'être le cas et tant mieux !

Lors de ma troisième grossesse, nous avions pris la décision d'un commun accord avec Yves, mon mari, d'accueillir une âme qui veuille bien de nous comme parents et qui profite de venir s'incarner sur terre à travers nous.

Comme j'avais 38 ans, nous nous donnions six mois. Si cela ne fonctionnait pas pendant cette période, c'est que nous étions d'accord pour n'avoir que deux enfants.

Dès le premier mois, je suis tombée enceinte. Nous allions devenir une troisième fois parents, à notre grande joie.

Nous attendions le jour de Noël pour annoncer à toute la famille cette belle nouvelle.

Tout le monde semblait ravi sauf mon papa qui nous dit :

« Vous êtes complètement fous ! À quoi vous pensez ? »

Cette phrase m'a perturbée et c'est à partir de ce moment que les nausées sont apparues. Tout de suite je n'ai pas fait le lien. J'avais beau me poser les questions « Qu'est-ce qui te brasse comme cela ? Que n'arrives-tu pas à digérer ? De quoi as-tu peur en devenant à nouveau Maman ? ».

Rien ne venait, c'est en conversant avec une voisine que j'en pris conscience.

Je lui racontais que j'étais touchée par les paroles de mon papa quand elle me répondit :

« Vous ne pensez pas qu'il a réagi comme cela parce qu'il a eu peur de ne pas pouvoir profiter de son petit enfant, vu son âge déjà avancé ? »

Mais oui c'était ça ! Car en entendant ces paroles, je me suis sentie soulagée et depuis ce jour-là les nausées ont disparu. J'avais digéré les paroles de papa !

L'importance des mots entendus.

« Je ne suis rien »
Lydie

Lydie est une jeune fille de 15 ans quand je la reçois. C'est une adolescente remontée contre tout et avec un grand manque de confiance en elle, ce qu'elle cache en faisant du "rentre dedans". Quoi qu'il se passe, elle agresse.

Son histoire de naissance

Sa maman a 40 ans quand elle tombe enceinte de Lydie. Elle et son compagnon sont ravis de cette grossesse.

Dans l'euphorie de ce changement maman s'empresse, comme je l'aurais fait à sa place, de raconter la bonne nouvelle à sa meilleure amie.

Celle-ci lui rétorque en mettant une goutte d'eau dans sa main :

« Tu vois cette goutte ?
– Oui.
– Ce n'est rien.
– Oui et… ?

– Eh bien, ce que tu as dans le ventre c'est pareil, ce n'est rien, alors dépêche-toi de faire ce qu'il faut, vous êtes fous de faire un enfant à cet âge ! »

La maman est sidérée d'entendre cela de la bouche d'une personne qu'elle apprécie. Elle se sent jugée, traitée d'irresponsable et accusée de faire n'importe quoi !

Pour Lydie cette adolescente, il suffisait d'une goutte pour que tout déborde et qu'elle sorte de ses gonds.

Objectifs atteignables :
(ce que l'on n'a pas perçu et qui fait partie de moi)

Lydie a les atouts d'avoir de l'aplomb, de se sentir bien ancrée, centrée et de marcher la tête haute. « Je suis quelqu'un » sans prétention aucune, c'est juste une affirmation intérieure, une motivation à être quelqu'un.

Adoptions

Ce qui est important :

• C'est qu'être adopté est souvent un signe d'Amour même si c'est difficile d'accueillir cela. Moi qui suis une Maman, j'imagine la déchirure de donner un enfant. Il y a toujours une raison derrière cela : pays trop pauvre, on ne pourra pas nourrir l'enfant, on préfère qu'il soit entre de bonnes mains, nourri, choyé. D'autres mamans n'ont pas eu le choix. On a décidé pour elles !

Mais pour l'enfant, l'important, c'est ce qui a été vécu, ressenti : la colère, l'injustice, l'abandon, les peurs et c'est cela qui a pris souvent le dessus. Il est probable qu'en tant qu'enfant adopté, je puisse mettre une énergie importante à être aimé, jusqu'à peut-être aller dans le trop (trop besoin d'amour, d'attention, faire trop pour les autres). Dans les familles où juste un enfant sur une fratrie est adopté, je peux vivre de l'injustice, pourquoi moi et pas les autres ?

• Si vous êtes une maman ou un papa qui a été adopté, lors de la première grossesse ou de celle qui correspond à votre place dans la fratrie (ainé, second, troisième…) même si n'avez pas forcément la connaissance de celle-ci, vous pouvez revivre une sensation, un état d'être relatif à ce qui a pu se passer pour vous lors de votre propre histoire même si au fond vous pensez « je suis complément en accord avec mon adoption ».

• « Qui suis-je vraiment ? » est souvent un questionnement pour eux. Car Nombreux sont les enfants adoptés, qui n'ont pas connaissance de leurs parents, à qui on change le prénom et bien sûr le nom de famille.

Amanda

Amanda est une jeune femme enceinte de quelques mois. Depuis qu'elle est enceinte, elle est tombée dans une mélancolie profonde. « J'ai même eu envie d'en finir… Je vis des peurs, un stress intense alors que cela ne m'était jamais arrivé auparavant. J'étais toujours joyeuse, joviale, optimiste. Je ne comprends pas ce qui m'arrive. »

Histoire de naissance d'Amanda

Amanda a été adoptée car elle vivait dans un contexte très difficile de malnutrition. Bébé, elle tombe malade, se vide car elle a des diarrhées importantes et les services sociaux demandent à sa maman de faire vite si elle ne veut pas que son bébé décède. Il faut qu'elle fasse prendre en charge son bébé afin qu'il puisse avoir tous les soins nécessaires. Les services sociaux lui font comprendre que pour maintenir l'enfant en bonne santé, une adoption est la seule solution. Cette maman n'a pas le choix si elle veut que son bébé survive. Elle doit la « donner ». On peut imaginer le déchirement de cette maman.

Une fois prise en charge, Amanda reste 3 jours entre la vie et la mort. Elle s'en sort finalement très bien et est confiée à une famille d'adoption où elle sera choyée et nourrie avec tout l'amour dont elle aura besoin.

Aujourd'hui, portant elle-même un enfant, Amanda se retrouve confrontée aux démons du passé. Elle a peur de ne pas être une bonne maman et préfère presque mourir plutôt que d'avoir à affronter des situations où elle n'aurait pas le choix.

Elle a déjà fait le choix de garder son bébé. « Mais au début j'étais tellement mal que je n'avais plus goût à manger et je ne m'en rendais même pas compte. C'est mon entourage qui m'en a fait prendre conscience et obligée à me nourrir ». Il faut repenser que Bébé, elle ne pouvait plus garder la nourriture, ce qui a enclenché son adoption.

Objectifs atteignables :

Amanda a toutes les qualités pour apporter de la douceur, elle doit se nourrir de tout l'amour qu'elle a en elle, une belle générosité.

Nordine

Nordine a 5 ans lorsque je le reçois en consultation. Il se croit toujours en danger, ne sait pas prendre de décision mais ne veut surtout pas que l'on fasse les choses pour lui. Il a besoin de contact tout le temps ce qui le rend très envahissant pour son entourage.

Vous pourriez penser que pour tous les enfants adoptés c'est pareil. Eh bien détrompez-vous. Il y a vraiment une histoire et une réalité pour chacun !

Son Histoire de naissance

Né en Afrique et adopté à 2 semaines, dans l'orphelinat il est un numéro parmi d'autres. Ses parents adoptifs vont le chercher et restent même dans le pays pour ne pas perturber Nordine.

Quand ils choisissent l'enfant, une amie venue avec eux, leur dit :

« Choisissez bien, prenez le plus costaud ! »

Le danger pour Nordine, c'est que l'on ne le choisisse pas et que l'on préfère quelqu'un d'autre. Sa peur pourrait être liée à ce qu'il a vécu pendant la grossesse ou durant ces deux semaines dans ce centre avant d'être adopté, mais nous n'avons pas connaissance de l'histoire (même si avec le comportement développé, les attitudes, les préférences… on peut en comprendre beaucoup plus, mais ce n'est pas le sujet du livre)

Pour Nordine « Il faut que je sois costaud, fort dans tous les sens du terme. »

Objectifs atteignables :

Nordine doit se choisir, il peut s'adapter à différentes situations facilement.

Jumeaux : naître jumeau ou jumelle

On dit que quand il y a des jumeaux dans une famille, c'est que dans les générations il y a eu des pertes, des décès et la venue de plusieurs bébés à la fois, assure la survie de « l'espèce » s'il arrivait malheur à l'un d'entre eux.

Pascale et Dominique (moi-même)

Après avoir rencontré de nombreux jumeaux, je peux comprendre aussi leurs différences de comportements et d'attitudes. J'ai moi-même une jumelle et il a fallu que ma sœur s'éloigne de moi, de près de 500 kilomètres pour vivre cette expérience, pour que je prenne conscience de la résonnance de ce qui s'était passé le jour de notre naissance et les suivants.

J'ai vécu, lors de son départ, une souffrance, une tristesse, un déchirement que j'avais du mal à comprendre personnellement car notre relation s'est toujours très bien déroulée. Pas besoin de contact, de se voir pour se sentir ensemble. Je n'ai jamais senti de manque, nous ne nous sommes jamais disputées.

Pourtant le lendemain de son déménagement, alors que j'ai l'impression d'aller bien, je reçois un message de mon fils « Coucou, 'Man, ça va ? » alors que quelques secondes avant j'allais bien, en tout cas c'est ce qu'il me semblait. D'un coup d'un seul, une grande mélancolie s'est emparée de moi. Les larmes sont arrivées et impossible de transmuter ces émotions. Là je prends conscience que je ne vais pas bien et que je suis profondément touchée.

Quand je parle de mélancolie c'est vraiment cela, une émotion profonde qui vient de très loin, c'est mon Âme qui est en peine.

Je mettrais quelques jours pour me libérer de cette souffrance, aidée par les personnes qui m'accompagnent. Car oui j'ai besoin d'aide pour mon évolution personnelle, pour traverser toutes les situations que la vie m'invite à vivre.

Notre histoire :

Mes parents se marient juste avant notre conception. Papa désire un garçon pour faire perdurer son entreprise, maman a 20 ans et travaille jusqu'à la veille de l'accouchement. Ils ont connaissance de la gémellité (deux bébés) le jour de l'accouchement. Les bonnes sœurs (c'était une clinique religieuse) entendent pour la première fois deux battements de cœur.

Maman a beaucoup d'albumine. Elle entre dans un coma ce qui accélère le rythme de l'équipe médicale, il est important que l'on naisse rapidement. Les médecins tentent de sauver la maman et ensuite les enfants.

Ce que j'ai surtout entendu dire sur notre naissance, c'est la grande déception de Papa d'avoir deux filles. Lui qui pensait que, comme sa sœur qui avait un couple (fille, garçon) de jumeaux, il aurait lui aussi après la naissance du premier bébé né, en l'occurrence une fille, et bien le second serait forcément un garçon. Eh bien non à son grand désespoir, ce fut deux filles…

Qui allait reprendre l'entreprise ? NB (Il ne le savait pas à cette époque mais ma petite sœur de 3 ans de moins reprendra plus tard l'entreprise de papa et la fera perdurer efficacement).

[Il y a même un livret où tout est noté. Un jour où maman me le fait voir elle ajoute « Tu vois comme je me suis bien occupée de vous ? ». Bien sûr, elle a merveilleusement bien joué son rôle. Mais j'ai pu entendre dans ses paroles une certaine culpabilité « de ne pas avoir pu faire mieux ».]

C'est là où il est important de prendre en compte ce qui s'est vécu dans le ressenti car là nous pouvons voir que la peur de ne pas faire assez bien est bien ancrée en nous, les enfants. Car ce que maman vit, bébé le vit aussi. J'ai eu longtemps le sentiment de ne pas arriver à bien faire que j'aurais pu faire mieux.

Nous passons trois semaines en couveuse. Maman rentre avant et nous tire son lait, qu'elle apporte à la maternité, pour nous nourrir.

Ma sœur est née avec certaines parties du corps, comme les ongles, pas développées entièrement. Je suis donc restée en couveuse 3 semaines, tout comme ma sœur.

J'ai appris il y a peu, que l'on n'était pas dans la même couveuse. Pendant trois semaines nous avons vécu cette séparation. Je comprends désormais pourquoi le départ de ma sœur a été aussi dur, comme si elle était partie définitivement.

Le bébé que j'étais, s'est trouvé dans une grande détresse. Le simple fait d'écrire ces mots me donne les larmes aux yeux. Je prends conscience, que cela a dû être très dur pour le nouveau-né que j'étais. Mais j'aurais dû à tout prix la protéger !

Je n'avais pas accompli ma mission. Ou du moins la

mission que je m'étais fixée et qui, par la suite, m'a été donnée par mes parents, tout particulièrement maman : « Fais attention à ta sœur ». Pascale en se mettant dans sa bulle s'était, elle, protégée. Je ne suis pas certaine que cela soit mieux mais nous l'avons chacune vécu à notre façon. Et cela explique très bien nos différences de fonctionnement.

- **La couveuse** peut être vécue de plusieurs façons pour bébé : l'enfant est dans le ressenti. En aucun cas il pense que c'est pour son bien, sa santé. Il peut se sentir abandonné, délaissé, isolé.

  « Je ne ressens plus maman, elle m'a laissé, je ne suis pas assez intéressant pour quelle reste vers moi. »

  Le bébé passe de nombreux mois dans le ventre de sa maman. Ce ventre représente la sécurité, la protection et le contact avec maman. Lorsque le bébé naît, il se sent coupé de sa maman, coupé du monde, du relationnel, en insécurité.

Cela peut :

- Enclencher une peur de la solitude, l'impression de se sentir isolé, perdu. C'est ce que j'ai vécu moi-même. J'ai eu longtemps besoin d'être entourée de monde ou avoir la télévision allumée comme bruit de fond quand j'étais seule à la maison.
- Être vécu comme une bulle de protection (le ventre). L'enfant peut se sentir bien dans sa bulle et, de ce fait, avoir envie d'y rester. C'est le cas de Pascale, ma sœur. Elle a toujours aimé être seule, eu besoin de tranquillité (« Foutez-moi la paix »).

J'ai eu l'occasion de voir, à de nombreuses reprises,

qu'un des jumeaux était en meilleure santé que l'autre lors de la naissance. L'un pouvait alors avoir besoin de soins plus importants et partir dans un autre hôpital le cas échéant. On peut penser que séparés, les jumeaux s'inquiétaient l'un de l'autre, ou plutôt, celui qui allait mieux s'inquiétait pour son jumeau. Je sais aujourd'hui, d'après mon expérience d'éloignement avec ma sœur, que mon début de vie a été vécu comme une inquiétude, une détresse même (« que lui est-il arrivée ? Est-elle en danger ? Pourquoi elle et pas moi ? » Je me souviens enfant, avoir pensé « Si c'est moi qui souffre c'est mieux. »

Objectifs atteignables :

On crée la surprise, un besoin d'individualité tout en se sentant forte et solide, une belle écoute des autres et aussi apprendre à écouter ses besoins personnels.

Vanessa

Vanessa vient me voir, elle a une sœur jumelle et se compare à elle. Vanessa a toujours peur de ne pas être à la hauteur et de ne pas être assez bien « Je trime deux fois plus que ma sœur ». Elle ne comprend pas pourquoi.

Son Histoire de naissance.

Ses parents ont déjà une fille de 8 ans. Maman, qui veut absolument un garçon, fait un régime spécial très salé plutôt draconien pour mettre toutes les chances de son côté. – Il y eut une période où les femmes faisaient un régime spécial pour avoir plus de chances d'avoir un bébé du sexe désiré, c'était soi-disant prouvé. – Cette maman se prive de certains aliments pendant plus d'un an. Lorsqu'elle est enfin enceinte, elle apprend qu'elle attend des jumeaux. Elle est contente, l'important pour elle est d'avoir un garçon. Elle en est persuadée. Elle reste alitée (allongée, couchée) 5 mois pour la sécurité de tous les trois. Le jour de l'accouchement, une fille naît en premier et quand le deuxième bébé pointe son nez, eh bien c'est encore une fille. Vanessa est née. Maman ne comprend pas, elle s'est sacrifiée pour avoir le garçon qu'elle désirait, en vain. Enorme déception pour maman. En tant que nouveau-né, Vanessa enregistre « c'est moi qui déçois maman, j'aurais dû être un garçon ». Rappelons que quand le premier bébé naît, il y a toujours l'espoir d'avoir un garçon lors de la naissance du deuxième bébé. C'était même une certitude pour cette maman.

« Je ne suis pas à la hauteur, il faut que je fasse beaucoup d'efforts pour que Maman m'aime et pour combler ses attentes », mémorise inconsciemment Vanessa. « Il me faut trimer deux fois plus que ma sœur », me dit-elle lors de notre entrevue. Mais derrière le désespoir se trouve d'autres espoirs. Alors Vanessa doit trouver où placer ses espoirs.

Objectifs atteignables :

Vanessa a tous les atouts pour être différente, avoir des idées nouvelles, des capacités hors du commun, se différencier des autres. C'est là où elle doit mettre ses espoirs !

Jumeau momentanément accompagné

Ce qui est beaucoup moins connu, mais très fréquent est le fait d'avoir été accompagné par un ou deux autres embryons pendant les premières semaines de grossesse. Une présence qui a pu complètement passer inaperçu par Maman, ou juste un petit saignement. Puis s'ensuit la peur d'avoir perdu le bébé et le médecin échographe qui rassure

« soyez rassurée bébé est là tout va bien » ; sauf que c'est un autre qui s'en est allé ! J'ai beaucoup constaté ce fait, que ce soit lors de constellations d'histoire de naissance ou en consultations privées. Si avec la lecture de l'histoire je perçois qu'il y a eu jumeau, (souvent les mots exprimés tel que « je me suis toujours senti seul, j'ai souvent pensé que j'avais un jumeau, je sens un vide en moi…) **juste le fait de l'exprimer,** cela vient faire remonter des émotions profondes. Souvent les personnes me disent « je ne sais pas pourquoi je pleure ! » et cela dure quelques secondes (cela peut même vous arriver lors de la lecture de ce paragraphe).

- Si les embryons étaient dans la même poche, l'embryon qui s'en va se désagrège. On peut retrouver par la suite des problématiques de peaux, eczéma psoriasis ou des troubles digestifs. Par exemple, lors d'une conférence alors que je parlais du sujet des jumeaux, une femme du public lève la main et me dit « Dernièrement lors d'une échographie pour ma fille qui avait mal au ventre, le médecin lui a dit : « tu as avalé ton jumeau », depuis elle est très mal ». Il est vrai que le médecin n'a pas été très diplomate. Récemment lors d'une constellation, cette situation de jumeau a été jouée, et la personne qui représentait le jumeau perdu dit « Tu me manges, mais je t'aime. » (voir paragraphe constellations)
- Si les embryons sont dans deux poches, un des deux s'en va d'un seul coup, comme s'il tombait. Cela peut induire : peur que l'on me laisse tomber, d'autres peurs, phobies,…

Ces deux cas provoquent souvent un sentiment de solitude, de noirceur, l'impression qu'il manque quelque chose, la sensation d'être vide…

Hospitalisation

J'ai remarqué dans différentes situations que quand un bébé est hospitalisé et séparé pendant un long moment de maman, il le ressent comme un premier déchirement. Puis lors de sa sortie de l'hôpital, il est une deuxième fois séparé des personnes qui se sont occupées de lui pendant son hospitalisation. Il s'était attaché au personnel médical qui a pris soin de lui et vit donc une deuxième séparation.

Cela me rappelle une femme qui m'a dit lors d'un atelier « Renaître à son histoire » :

– Ma mère ne me reconnaît pas, elle n'a jamais voulu me reconnaître.

Voici son histoire :

A 3 mois, elle contracte la coqueluche. Pour le coup, elle n'était plus « la coqueluche » de maman. Elle est hospitalisée loin de chez elle et à cette époque, on ne se déplaçait pas facilement. Les parents n'ont pu venir la voir que rarement.

Elle restera trois mois à l'hôpital où des sœurs s'occuperont d'elle. Quand sa mère revient la chercher, c'est l'enfant qui ne reconnaît pas sa mère et non l'inverse.

Je lui fais remarquer que « tu peux voir que c'est toi le bébé de six mois qui rejette maman parce que tu ne la reconnais pas ». Alors qu'évidement une maman ne peut que reconnaître son enfant, en tout cas dans cette situation.

Je lui ai aussi demandé : « Comment te sens-tu par rapport à la religion, aux sœurs ? » Elle me dit que « dans un contexte religieux, elle se sent très apaisée et en sécurité ».

Cela a changé immédiatement la vision qu'elle avait de sa maman. Même si cela ne suffit pas à libérer complètement une souffrance relationnelle avec sa mère, elle était moins en réaction. Et c'était, quand on connait son parcours, un pas énorme dans son travail sur elle.

Traitements

Marine

Marine vient me consulter car elle se met une énorme pression dans tous les domaines de sa vie, elle n'en peut plus.

Histoire de Marine

Les parents ont des difficultés à avoir un enfant. C'est donc avec l'aide d'un traitement que Marine va être conçue. Les parents faisaient un dernier essai et avaient décidé qu'ils arrêteraient si le traitement était un échec.

Mais c'est au moment où cela fonctionne que papa commence à douter. Il pense qu'il est un peu trop vieux pour avoir un enfant, mais il se doit de garder cet enfant.

Pendant la grossesse beaucoup de bouleversements, maman n'est pas bien et doit rester alitée à partir du sixième mois. Elle a le col ouvert, donc il y a de gros risques de naissance prématurée. L'accouchement se fera une semaine après le terme, avec péridurale. Tout se passe bien jusqu'au moment où bébé est bloqué, panique dans la salle. On utilise les forceps, on tire le bébé de force et Marine naît avec la clavicule cassée.

Très souvent lorsque je nais avec les forceps, je n'aime pas que l'on me prenne la tête et que l'on me force à faire ou être.

Pour Marine, l'impact le plus important est qu'on la force car soit ça passe soit ça casse (j'y vais en force). La clavicule cassée signifie j'ai peur de casser sous les responsabilités. Il faut aussi penser que pour les parents, c'est le dernier essai. Marine enregistre « je n'ai pas le droit à l'erreur, je suis la dernière chance ». Elle se met une grande pression. « J'arrive avec un traitement, je peux avoir besoin de traitement pour être bien, pour exister. » Les parents avaient peur d'un bébé prématuré alors qu'elle arrive avec une semaine de retard « Je vais jusqu'au bout et même plus ».

Objectifs atteignables :

Marine a une facilité à réussir car de belles forces de réussite sont présentes dans l'histoire de naissance, juste apprendre à utiliser la force intérieure et non je fonce, je force.

NB : J'ai remarqué que certaines personnes nées grâce à un traitement ont souvent de petites pathologies comme un mal de tête, un mal de gorge,... Cela leur donne l'occasion de prendre un médicament. On retrouve la référence aux médicaments grâce auxquels la grossesse a pu se faire.

Gustave

Je reçois cet adolescent qui a des difficultés à s'exprimer, peur de ne pas savoir quoi dire et de se tromper.

Son Histoire

Maman est très jeune, papa a une vingtaine d'années de plus. Ils décident d'avoir un enfant comme signe d'engagement dans leur relation, comme si cela officialisait leur union. Le couple désire vraiment avoir cet enfant. Mais à l'hôpital, maman se sent maltraitée verbalement par le corps médical du fait de son jeune âge. « Comme si, me dit-elle, je n'avais pas de cerveau, « mais à quoi penses-tu ? » me disaient-ils. » L'annonce de la grossesse est également très mal perçue par les deux familles. Maman a beaucoup de nausées pendant les trois premiers mois. L'accouchement se passe sous péridurale, mais celle-ci est tellement active que maman ne sent plus rien, pas même les contractions.

– Je ne sens tellement rien, que je ne peux pas accompagner mon bébé, précise-t-elle.

Gustave naît avec le crane déformé, ce qui peut se comprendre après une naissance difficile et un bébé de plus de quatre kilos. Mais les médecins s'inquiètent et disent à maman qu'il y a des risques pour le bébé, mais qu'ils attendent les résultats pour en savoir plus.

Vous pensez bien que cette maman était dans un état de panique et d'inquiétude énorme. Après une journée d'attente, les résultats tombent ! Tout est bon, c'est juste dû à l'accouchement et le bébé va bien. Grand soulagement !!!

Explications

Gustave pourrait être un enfant stressé, vouloir être normal et sans problème, impatient de savoir tout, tout de suite. Il doit prendre ma place, un gros bébé vient prendre sa place souvent dans une famille où cela ne va pas forcement être simple « je dois faire le poids, je me dois de soutenir maman ». En même temps en réaction à maman « elle ne m'a pas soutenu ou aidé (péridurale) je dois me débrouiller seul ».

Objectifs atteignables :

Même si quelque chose est compliqué cela s'arrange toujours et je dois me faire confiance !

Secrets et non-dits

Alissa

Alissa vient me voir car elle est en grande souffrance. Elle a fait une tentative de suicide et se scarifie.

Histoire d'Alissa

Alissa est née sous FIV (fécondation in vitro, une technique de la Procréation Médicale Assistée) sauf qu'elle ne le sait pas. Pour des raisons personnelles le papa ne voulait pas que cela soit dit. Alissa a aussi un frère plus jeune qui lui aussi est né sous FIV. Au début de mes discutions avec Alissa (je n'étais pas encore au courant de ce secret), rien dans son histoire me laisse comprendre pourquoi cette jeune fille souffre. C'est lors d'un rendez-vous avec maman par la suite que je lui demande plus d'informations.

« – Il y a quelque chose que vous ne savez pas, mais je ne sais pas si je peux vous le dire », livra-t-elle.

On peut noter l'importance de l'écoute des mots à ce moment-là, car si on me dit « Je ne sais pas si je peux vous le dire. », cela m'annonce justement une clef importante pour le déroulement du travail. Je l'invite doucement à se confier.

« – Mon mari est stérile et comme il avait déjà un grand manque de confiance en lui, il ne voulait surtout pas que cela se sache et n'a jamais voulu qu'on le dise aux enfants. »

Je lui explique qu'il est important voire vital pour sa fille que l'on mette des mots sur ses maux. Comme Alissa vient me consulter parce qu'elle a fait une tentative de suicide et se scarifie (incision sur les bras). Quand on s'automutile le message est significatif : « Je pense que je suis une mauvaise personne, je ne me sens pas digne d'être qui je suis, j'ai du mauvais sang et je me punis… »

La maman repart en me disant qu'elle ne peut avouer cela à sa fille, c'est un engagement avec le papa. Je l'invite à raconter cela à son mari pour qu'il sache l'importance et l'urgence de parler à leur fille.

Trois ou quatre mois après, je reçois un appel téléphonique du papa.

« – Je ne peux vraiment pas tout avouer, ça m'est impossible. »

Je reste très longtemps en communication avec ce papa souffrant et termine en lui disant : « L'important c'est que vous leur parliez, peut-être demain, dans 1 mois, 1an ou plus, mais s'il vous plait faites-le ! »

Le lendemain soir, j'ai la surprise d'avoir à nouveau un appel de sa part.

« – J'ai suivi vos conseils et je leur ai parlé hier.

– Et alors ? Lui ai-je demandé. Comment cela s'est-il passé ?

– Ça a été génial. Alissa m'a sauté dans les bras et m'a dit : je savais que tu n'étais pas mon père et je comprends mieux maintenant ».

Ses paroles peuvent vous choquer, mais c'est ce qu'elle ressentait. Pour elle, la partie de son papa ne circulait pas en elle.

Je suis toujours émue par la beauté du résultat quand je raconte cette histoire. Il est important d'avoir osé parler. Ce papa peut réellement se féliciter et se valoriser **d'avoir osé**. Il est vrai que cela est souvent difficile. Nous pouvons nous sentir coupables, avoir honte. Mais sachez bien que l'enfant le sent. Dans ses cellules, ses souvenirs sont enregistrés sauf que les dires ne sont pas en échos avec le ressenti, c'est cela qui fait souffrir.

J'ai eu des nouvelles de cette jeune fille par la suite. Elle est devenue maman et avait l'air très épanouie.

Pourquoi un secret

Vous pourriez en lisant cette histoire penser « mais pourquoi cacher une FIV ? ce n'est pas si grave, au contraire car c'est beaucoup de contraintes médicalement parlant ». Sauf que pour une blessure de dévalorisation, comme dans cette histoire, c'est tellement à vif qu'il est insupportable et inimaginable de penser que l'on pourrait encore plus souffrir.

Parce que souvent les gens pensent que s'ils parlent de certaines choses, cela va les faire à nouveau souffrir. Ou encore que cela peut faire souffrir l'autre ce qui est impensable, alors qu'en réalité c'est le contraire qui se produit.

Bien sûr, parlez-en avec des personnes qui sont à l'écoute, sans jugement, à quelqu'un en qui vous avez totalement confiance (votre conjoint, une sœur, un ami, un thérapeute, un collègue…). Et si c'est de votre enfant dont il s'agit, parlez-lui en toute simplicité.

Exemple : Si cela fait longtemps que vous auriez pu le dire « je ne pouvais pas t'expliquer cela avant, c'était trop difficile pour moi, je ne savais pas comment faire et quoi dire, j'avais peur de te blesser, de passer pour quelqu'un de méchant… ». Si c'est juste pour expliquer des faits « je sais que c'est important que je te parle de ce qui s'est passé pendant la grossesse, avant, ou après… »

C'est vraiment libérateur et je ne répèterai jamais assez : **il faut dire les mots pour guérir les maux. La maladie est la difficulté à dire les choses. Si vous ne le dîtes pas, cela vous rend mal à l'aise ce qui installe une gêne dans vos relations.**

Une place dans la fratrie

Ainé

Être l'ainé(e) met souvent une grande pression. Il faut que je sois à la hauteur de l'attente que l'on a eu de moi. Encore plus si je suis le premier petit enfant de la famille.

Je dois donner l'exemple. Je ne me donne pas le droit à l'erreur, je suis exigeant, intransigeant avec moi et les autres, et souvent perfectionniste. Je mets la barre très haute, et de ce fait, deviens insatisfait car je peux toujours faire mieux.

Les histoires qui se croisent.

Nous avons tous notre histoire de naissance. Si nous avons des frères et sœurs de plus ou moins 3 ans, il y a de grandes probabilités que votre histoire de naissance se soit croisée avec celle de votre frère ou sœur. Exemple :

Léonie ainée, née en septembre 1962

conception naissance

-------12/61-------------09/62-------------------

seconde Priscilla née en septembre 1963

I----------12/62------------née09/63-------------

troisième Antoine né en décembre1964

I---------03/64--------né12/64

comment chacun peut prendre sa place dans cette fratrie ?

Quand plusieurs histoires se chevauchent, comment avoir sa place ?

Nous retrouverons des personnes qui ont pris beaucoup de place de différentes façons.

Histoire de Priscilla

Léonie est une enfant fragile. Tout de suite après la naissance, elle contracte une maladie et doit être hospitalisée plusieurs fois.

Maman apprend qu'elle est enceinte de Priscilla alors que Léonie est hospitalisée. Elle vit cela comme une fatalité et le poids énorme d'avoir encore un enfant alors que c'est déjà si difficile avec Léonie. Priscilla naîtra avec un poids de plus de 4kgs (pour prendre ma place il faut que je fasse le poids). Pourtant quand je la reçois c'est une personne très mince avec une blessure de rejet.

Quand Priscilla demande les renseignements sur sa naissance pour notre rencontre, sa maman ne savait dire que « tout allait bien, on avait déjà pas mal à faire avec ta sœur, tu étais une enfant sage, on ne t'entendait pas ». Souvent un enfant sage, c'est pour ne pas déranger maman « je ne vais pas en rajouter c'est suffisamment difficile pour maman ».

Antoine arrive peu de temps après sa sœur cadette. « J'ai plutôt l'impression d'avoir un frère jumeau, me dit Priscilla. Nous nous sommes toujours soutenus ». Dans cette situation, le fait d'avoir un frère apporte du soutien, on n'est jamais trop de deux pour être plus forts.

Quand maman apprend que son troisième enfant est un garçon, elle l'accepte très rapidement. C'est même un peu le chouchou.

Antoine a pu enregistrer « Je suis là pour maman, je me dois de la soutenir. C'est ma Mission. »

Objectifs atteignables :

Priscilla doit s'affirmer, se positionner, être attentive à elle, prendre une place : la sienne !

Autres Histoires qui se croisent
Histoire de Marinette

Une histoire lourde à vivre. Même si nous avons tous une histoire plus ou moins facile, certaines peuvent vous faire réagir en lisant.

Marinette naît 11 mois après son frère. Elle n'est pas désirée et sa maman va tout faire pour la perdre (sport intense, diverses techniques,...). Les parents ont plus de 30 ans d'écart.

Elle naît à 7 mois suite à une chute de cheval de sa mère. L'équipe médicale donne au bébé deux jours à vivre, mais « elle s'accroche ». Marinette fait 2 mois de couveuse.

« T'aurais dû en crever », lui disait sa mère.

« Mon frère, Gilles, a été conçu pour prendre mon père au piège. Ma mère voulait absolument que mon père l'épouse… »

Marinette est une battante et très protectrice envers tous. Elle vient pour épauler et protéger son frère.

Dans cette situation nous avons deux âmes qui viennent en force pour se protéger de maman. **On n'est jamais trop de deux ! Cette maman représente une sorte de danger !**

Le papa décède quand Marinette a 5 ou 6 ans.

– Comment va votre frère ? Demandai-je à Marinette.

– Il ne va pas bien du tout. Depuis très longtemps et surtout depuis le décès de son épouse, qui est décédée de la même maladie que papa. Aujourd'hui Gilles est anéanti et je ne peux rien faire.

Gilles est « l'appât » de maman. Sa mission est de retenir papa (auprès de maman). On peut penser que lorsque son père mourut, il n'a pas eu l'impression d'accomplir sa mission. C'est une énorme souffrance souvent bien enfouie. Et au décès de sa femme, Gilles se retrouve à nouveau plongé dans cette grande détresse de ne pas y être arrivé et la souffrance resurgit.

Au-delà de la souffrance d'un deuil, il y a toute la souffrance de ce passé qui remonte. Marinette, elle, est dans l'incapacité de protéger son frère. Elle le vit comme une grande faiblesse et une mission inaccomplie.

Objectifs atteignables :

Bienveillance pour les autres qu'elle va s'apporter à elle-même.

Force du Clan fraternel

Désiré, pas désiré

Nombreuses sont les personnes qui me disent avant de commencer quoi que ce soit « Je n'ai jamais été désiré, mes parents ne voulaient pas de moi, je n'ai pas été aimé… ».

Je rectifie chaque fois : « ce n'est pas que papa et maman ne voulaient pas de vous en tant que Pierre, Annette, ou Joe mais ce n'était pas le moment, l'endroit, le contexte idéal pour eux à ce moment-là. Et que la venue d'un bébé était malvenue mais **rien contre vous personnellement**. « Je trouve important que l'on remette les choses à leur place, plutôt que de rester dans la victimisation personnelle.

Vous êtes peut-être l'enfant inattendu, vécu comme une surprise. Si l'on analysait votre histoire de naissance, nous découvririons certainement que vous êtes surprenant, avec plein de talents, **inattendu**, que vous réussissez là où **l'on ne vous attendait pas**.

En plus, un rien vous satisfait car vous n'avez pas la même pression qu'un aîné ou un enfant qui arrive après plusieurs années de traitement dans les problèmes de stérilité.

Oui ! Si vous n'avez pas été désiré, il est vrai que vous avez peut-être besoin que l'on vous prouve que l'on vous aime. Vous êtes à la recherche du fait d'être aimé, accueilli, vous avez fait beaucoup d'efforts pour que l'on vous voit, que l'on s'intéresse à vous, que l'on vous reconnaisse.

L'enfant se reconnaît dans le regard de ses parents, c'est le reflet de ce qu'il y voit.

Si les parents, dans une période importante pour

l'enfant, étaient très occupés par un évènement bouleversant de leurs vies, l'enfant enregistre qu'il n'est pas important pour papa et maman, et sera à la recherche de la reconnaissance extérieure.

Non désirée

Anaïs.

Je reçois Anaïs, une jeune femme de 20 ans, avec sa maman. Anaïs a des difficultés à avoir de bonnes relations avec les autres et surtout avec sa maman.

Histoire d'Anaïs

Elle arrive dans un couple qui vit sa lune de miel. Ils sont dans un cocon très confortable, un petit appartement qui leur convient merveilleusement bien.

C'est au bout de trois mois que cette maman se rend compte qu'elle attend un bébé. Ce qui n'est pas du tout à son gout. Les nausées commencent d'ailleurs à ce moment-là.

Cette maman me dit que si elle s'en était rendu compte avant, elle aurait fait le nécessaire pour ne pas garder le bébé. « C'était beaucoup trop tôt pour moi, nous étions tellement bien, juste avec mon mari, nous voulions en profiter ».

Pendant la grossesse, la maman a des difficultés à accepter d'être enceinte. Surtout qu'ils vont devoir déménager et trouver un lieu plus grand pour accueillir Anaïs. Cette maman se sent obligée de quitter ce nid douillet.

Lors de cette consultation, maman est sans arrêt après se justifier « Oui mais… ». Je voyais bien cette peur et cette culpabilité de ne pas avoir fait ce qu'il fallait. Elle s'accusait tout simplement, ce que sa fille lui rendait bien dans ses paroles.

Je reviens sur le fait que nous avons tous notre histoire et qu'en aucun cas nous devons nous sentir coupable d'avoir vécu certaines choses difficiles pendant cette période de grossesse, même si cela a été enregistré par le bébé. Comme en aucun cas nous devons culpabiliser, juger nos parents et les rendre responsables. Ils peuvent être considérés comme responsables s'ils ont consciemment décidé de faire vivre quelque chose de désagréable à l'enfant à venir.

Anaïs a une forte personnalité. « Je viens si je le décide » (elle pointe son nez juste au moment où il n'y a plus de risque pour sa vie). Quand je la rencontre, elle en veut énormément à sa mère de ne pas la laisser faire ce qu'elle veut. Ses paroles sont vraiment à la limite du respect.

On peut en comprendre le sens comme « Tu n'as pas voulu de moi alors lâche-moi ». C'était bien sûr une attitude inconsciente pour Anaïs.

Elle a aussi enregistré : « Je dois faire des efforts pour être acceptée et aimée ». Par la culpabilité, mère et fille se dérangeaient mutuellement ; Anaïs accusant sa mère, et la maman se justifiant sans arrêt. Anaïs répète plusieurs fois « Oui mais avec toi et papa, ça n'était jamais le bon moment » (trop tôt pour sa venue). Ce qui freine Anaïs, c'est l'accusation et la non-reconnaissance voire l'aversion qu'elle a pour sa mère. Du côté de la maman, c'est son auto-accusation qui la freine.

Objectifs atteignables :

Elle doit se montrer au bon moment, elle peut être en

avance sur son temps (Ecoles, idées)

Elle va être surprenante !

Ce qui est important : qu'elle reconnaisse les autres.

Un choix

Roméo

Roméo a une grande difficulté à faire des choix, à faire les choses vite, et cela devient un handicap dans son quotidien.

Histoire de Roméo

Papa est très pressé de fonder une famille, maman beaucoup moins. Pendant la grossesse les parents se sont disputés. Maman ne veut alors plus garder bébé, ce qui provoque un conflit. Papa encourage la maman : « Tu peux le garder ! » et elle refuse « Non je ne peux pas ! ». Comme une balle qui s'envoie et se renvoie.

Quand Roméo naît, il a le cordon ombilical autour du cou. Maman rejette bébé, elle ne veut et ne peut pas le prendre sur elle.

Le cordon autour du cou impacte un besoin d'air, « laissez-moi respirer ! » (voir chapitre Accouchement)

Il vit un paradoxe entre « J'ai besoin d'air, laissez-moi vivre, décider ! » et « aimez-moi ! ».

Et aussi si me choisir crée des conflits !

Objectifs atteignables :

Roméo doit s'engager à se choisir, décider pour lui et

s'affirmer en étant fier de lui

Jérémy
Histoire de Jérémy

Une rencontre amoureuse et peu de temps après, cette maman se rend compte qu'elle est enceinte. Elle est jeune et ses parents l'obligent à se marier. Ce n'est pas l'homme qu'elle souhaite épouser, elle veut changer d'avis mais est contrainte de faire ce que l'on a décidé pour elle. Dans ces circonstances, elle ne veut plus de l'enfant et va même jusqu'à avoir envie de se suicider.

Lors de l'accouchement, la venue du bébé est compliquée et malgré les difficultés, les médecins décident : « Nous ne ferons pas de césarienne ça va aller ». L'accouchement se fait douloureusement et dure très longtemps.

« On a failli y passer tous les deux », me dit la maman.

Dans son histoire, Jeremy vit deux choix imposés :

- Celui des grands parents qui engendrent l'envie de mourir pour maman (maman veut Mourir à cette union homme-femme et non pas parce qu'elle rejette l'enfant)
- La non-écoute de la souffrance de cette jeune maman. Ça passera coûte que coûte pour les médecins qui refusent une césarienne (On a failli en mourir).

Jérémy avait de grosses difficultés avec l'autorité quelle qu'elle soit, jusqu'à la refuser : professeurs, père, patron,…

Qu'a-t-il enregistré et pourquoi ?

« Quand on décide pour moi, je peux en mourir » alors imaginez bien que tout va se mettre en place pour que Jérémy ne laisse pas l'autorité agir à sa place, ou s'il vit l'autorité comme imposée il réagit avec une rage et une colère intérieures très destructrices.

Il a intégré « je dois faire mes choix sinon je suis en danger ».

Il aura à apprendre que la vie n'est pas une bataille.

Objectifs atteignables :

Je fais mes propres choix avec discernement et j'accepte d'écouter le choix des autres. Il a aussi une belle force intérieure « j'y arrive et j'avance ». Mourir veut dire : « mourir à » ce qui est, « pour aller vers le nouveau » c'est le changement. Contrairement à d'autres qui sont dans l'incapacité de faire des choix, faire ses choix pour Jérémy est une sécurité, une nécessité, en tout cas c'est ce qu'il a enregistré.

Enfant roi, l'excès.

Samuel

Samuel vient me rencontrer quand il a un peu plus d'une vingtaine d'années. Il est complètement détruit suite à une séparation après une relation amoureuse.

J'avais déjà rencontré Samuel quelques années auparavant. Il voulait comprendre la vie et était très ouvert à l'évolution personnelle. J'avais rencontré à cette époque une personne très agréable, ouverte et curieuse de la vie et aussi très sûre d'elle, voire même un peu trop.

Je n'aurais à ce moment-là pas été entendu si je lui avais parlé d'Ego. C'était aussi un garçon avec beaucoup de colère et je lui avais parlé de travailler sur celle-ci. Il m'avait rétorqué « ah non ! C'est grâce à ma colère que je réussis, je ne veux pas y toucher ».

Mon rôle est d'accompagner des personnes. Je vais là où on me permet d'aller. Je l'ai alors laissé expérimenter son chemin.

Il arrive que l'on pense que tout va bien pour nous. On se fait croire, peut-être faites-vous partie de ces personnes. J'ai longtemps cru que tout allait bien pour moi, « même pas mal ». Et encore de temps en temps, je prends conscience que « oui, je me suis bernée toute seule » mais l'important est d'en prendre conscience à un moment pour pouvoir y remédier plus sereinement.

L'Histoire de Samuel

Il arrive dans une famille recomposée où il est très attendu. Il a une demi-sœur qui va le considérer comme son bébé. « Quand enfant je faisais une bêtise et que maman voulait me punir, ma sœur prenait immédiatement ma défense. » De ce fait, maman n'est plus très crédible dans son autorité. Papa travaille beaucoup, alors quand il est là, il ne veut pas disputer son fils.

Qu'est-ce que Samuel enregistre ?

Le fait d'être très attendu lui fait croire qu'il va falloir être à la hauteur de l'attente et du bonheur que la famille avait pour lui.

Il devient perfectionniste et très souvent insatisfait : il est mis en avant, c'est le meilleur, il ne faut rien lui reprocher… Il ne se donne pas le droit à l'erreur, pas plus aux autres d'ailleurs.

« Je suis le roi »

C'est pourquoi lors de sa deuxième consultation (il vit une séparation amoureuse) il est anéanti, détruit, au plus bas. « Comment peut-on quitter un roi ? »

C'est comme si Samuel était tombé d'un seul coup de son piédestal. La situation devient difficile pour lui, voire même catastrophique.

Samuel était en INSECURITE ! Il lui a fallu travailler sur sa juste valeur enlever le trop.

Ce fut aussi compliqué que pour celui ou celle qui à l'opposé, a été dévalorisé, sous-estimé et qui doit apprendre à s'estimer, à s'accepter,…

Objectifs atteignables :

Samuel doit prendre sa place et laisser la place aux autres. Il a tous les atouts pour être un leader, celui qui emmènera les autres sans avoir le pouvoir sur l'autre, en étant juste fier de donner envie aux autres d'y arriver.

La valorisation : Excès et Manque

Les excès de valorisation font autant, voire même plus, endurer que les manques car cela ne se décèle pas tout de suite.

Comment penser, quand on a reçu trop d'attention, que l'on puisse souffrir ?

A-t-on le droit de s'en plaindre ou même d'imaginer que je puisse être malheureux, ou en tous cas, mal dans ma peau ?

Cela paraît encore plus inimaginable lorsque l'on a eu une histoire compliquée de rejet ou encore de violence (verbale ou physique), de comprendre qu'une personne ayant été adorée soit en souffrance. Vous avez sûrement entendu le « Je ne comprends pas, il a tout pour lui, tout pour être heureux ».

Il faut que vous preniez conscience de l'importance des limites, des repères pour un enfant ou un adolescent. C'est leur sécurité qui est en jeu. C'est pourquoi je voulais vous parler de cette histoire qui n'est pas unique.

Voici **deux métaphores** de Jean Jacques Crèvecœur qui permettent de bien comprendre le manque et l'excès.

« Si j'inspire profondément, que je fais le plein de mes poumons ? Je suis en excès d'air, si je continue et reste dans cet excès, je meurs !

Si j'expire profondément, que je fais le vide, je suis en manque d'air.

Si je reste dans cet état, je peux en mourir.

C'est le mouvement allant de l'excès au manque qui me permet de respirer et de vivre.

C'est le mouvement qui m'amène à avancer dans la vie. »

Je peux avoir vécu l'excès ou le manque pendant une grande période et, un jour, être amené à me prendre en mains et me permettre d'être dans l'équilibre.

« Faites du vélo et arrêtez de pédaler : qu'est ce qui se passe ?

Si vous êtes sur un vélo d'appartement, évidemment, le mouvement du vélo est limité. Vous restez sur place donc rien ne se passera. Si vous avez opté pour un vélo normal, vous arrêtez de pédalez, vous tombez.

Mais si vous choisissez un vélo de route et qu'en plus vous vous faites confiance, c'est comme si vous aviez choisi le vélo électrique. Je pédale (j'agis) et je laisse faire. Ainsi va la vie ! »

J'ai mis de nombreuses années pour arriver à avoir cette confiance et foi en la vie. Cela s'apprend, s'expérimente et se vit. C'est très confortable même si le doute revient de temps en temps. Là j'imagine que je saute en parachute. Je sais que mon parachute va me porter et me guider là où il est bon que j'aille.

D'autres contextes qui peuvent me mettre dans une histoire d'enfant roi. Dans quelques paroles entendues

« Pour moi, c'est comme le messie. »

Un couple a des difficultés pour avoir un enfant. Après plusieurs années infructueuses, le grand-père maternel décède. Maman tombe enceinte peu de temps après. A la suite du grand choc lors du départ de son père, l'annonce de cette venue transforme maman.

« C'est comme un miracle, comme le messie », rajoute la maman.

Peut-on reprocher quelque chose à un enfant alors qu'il vous a sauvé d'un grand chagrin ?

En lisant ces lignes, vous vous dites peut-être « Oui bien sûr, que l'on peut lui reprocher, c'est un enfant. » Mais quand on a vécu ce grand marasme et que l'on en sort grâce à quelqu'un, eh bien on y voit le sauveur, celui qui fait des miracles et on lui passe tout !

Sauf que cet enfant souffre. Il enregistre « Je me dois de ne faire que des choses extraordinaires. » Et dans cette histoire « Je suis là pour sauver maman. »

La mission qu'il m'a été donnée de prendre.

Justine
« On ne reste pas sur un échec »

Peu de temps avant la conception de Justine, maman donne naissance à un bébé qui décèdera après quelques jours de vie. Suite à cet évènement souffrant, Papa dit à Maman : « On ne va pas rester sur un échec, on va refaire un enfant ».

Un peu plus d'un an après naît la petite Justine. Elle représente donc le contraire de l'échec : la réussite. Sa mission est « Je me dois de tout réussir. »

Je reçois Justine en tant qu'adulte. Après une séparation avec son compagnon, elle est dévastée. Pour elle, c'est dramatique. Elle se dit qu'elle a échoué. Son couple est un échec mais au-delà de cette séparation, le plus dur est qu'elle a failli à sa mission, qui est de : « je me dois de tout réussir ».

Mauricette
Mission de protection

Mauricette naît d'une maman surprotégée par ses parents et d'un papa qui ne veut pas d'enfant. La future venue de ce bébé est trop pour papa. Il préfère être dans le déni de la grossesse.

Le grand-père maternel Maurice, impatient de voir le bébé, décède pendant la grossesse. Pendant l'enterrement maman s'adresse à bébé dans le ventre « Heureusement que tu vas être là pour me consoler. » L'enfant enregistre, je me dois de protéger maman.

« Je suis une consolatrice », me dit Mauricette.

A l'âge de 7 ans, elle est envoyée en pension chez les petites sœurs.

« C'était horrible, me dit-elle, j'avais l'impression que l'on me déchirait de l'intérieur. »

Un enfant qui a une mission de protection, et qu'on éloigne de la famille ou de la personne envers lequel il s'est donné cette mission, se sent démuni. Le fait de ne pas pouvoir accomplir sa mission de naissance « je suis né pour protéger », le fait énormément souffrir.

C'est une pression inconsciente énorme que de devoir accomplir sa mission, car à tout moment on peut faillir et cela devient dramatique.

Lors du décès de Maurice, maman souffre énormément. « Heureusement tu es née tout de suite après. »

Je reçois Mauricette à 60 ans. Elle m'explique : « Je n'arrive pas à me défaire de l'emprise de maman, je me sens coupable de ne pas avoir fait ce qu'il fallait. »

Sa mère vient d'entrer à l'hôpital pour des problèmes de santé, Mauricette culpabilise. Elle est encore accrochée à sa mission. C'est en lui expliquant ce qu'elle avait enregistré et qu'en aucun cas elle se devait de sauver maman, et qu'elle avait déjà fait beaucoup, que Mauricette s'est libérée de la culpabilité envers cette maman.

Mélanie
« Je dois protéger maman »

Histoire de Mélanie

C'est une enfant désirée. La grossesse commence bien,

dans l'insouciance. Mais un problème survient. C'est l'hospitalisation et maman doit rester couchée. Cela ravive toutes ses inquiétudes. « Je me battais contre mes angoisses et mes peurs » me dit cette maman.

N'ayant en plus pas d'accompagnement pour l'accouchement sans douleurs « J'avais très peur c'était plus fort que moi. »

Les deux grands-mères étaient en compétition, à celle qui ferait le mieux et qui serait la plus présente.

Papa lui, inquiet de l'évolution de cette maternité, préférait penser que l'enfant n'était pas là, pour ne pas être déçu si le bébé n'arrivait pas à terme.

Maman sentait bien l'inquiétude du corps médical, ce qui aggravait ses angoisses, et finalement Mélanie nait par siège et très affaiblie par la longueur de l'accouchement.

Pour Maman : pas d'allaitement car elle a peur de ne pas y arriver, grand stress et en même temps cela permettait de partager ce temps avec papa.

Dépression post natal pour maman, elle est suivie par une psychologue à la maternité. Cette dernière lui conseille de parler à son bébé des difficultés vécues. Suite aux paroles de maman, son bébé gémit ce qui enclenche une prise de conscience chez cette nouvelle maman et surtout une culpabilité. Elle est convaincue qu'elle fait souffrir son bébé émotionnellement, elle remet ainsi très vite le bébé dans son berceau et inconsciemment s'éloigne de son bébé pour le protéger. « Je suis une mauvaise maman » croyait-elle.

Une nourrice, très à l'écoute, aide beaucoup maman à

prendre confiance en elle. Le bébé pleure dès que maman est hors de sa vue.

Une cousine est née deux mois avant et maman n'arrête pas de comparer les deux bébés : « C'était malgré moi. »

Ce qui implique :

Mélanie fait partie de ces personnes qui, si vous leur demandez depuis quand elles sont stressées ou angoissées, elles vous répondront « Depuis toujours ! ».

Elle a enregistré toutes les sensations, émotions vécues tout le long de la grossesse et même après, beaucoup d'angoisses et de peurs. Mélanie s'est associée à tout cela et intègre « Je suis angoissée et j'ai peur. »

Une naissance par siège enclenche très souvent une culpabilité « j'ai fait souffrir maman et je suis responsable, je me dois de protéger maman. » Ceci peut expliquer que quand bébé ne voit plus maman il pleure car « Si je suis en contact je la protège et si elle s'éloigne, maman est peut-être en danger. »

Par la suite, je peux être une personne qui fait très attention pour ne pas blesser les autres, jusqu'à même me sacrifier au détriment des autres et m'oublier complétement.

J'ai intégré : je dois protéger, je n'ai pas le droit à l'erreur. Pendant la consultation Jc lui pose la question « Aimes-tu la compétition ? » la réponse a été instantanée « Ah non je déteste cela ! »

Pourquoi ? Maman a souffert de la compétition entre les grands-mères surtout qu'elle trouvait que sa propre mère exagérait vraiment avec cela, ce qui a été dur pour elle.

Il y a aussi cette cousine. Si on me compare c'est que l'autre est mieux, en même temps cette maman est en compétition avec elle-même, elle vit une grande dévalorisation, a peur de ne pas être à la hauteur, de ne pas savoir quoi et comment faire. Mélanie a pu se sentir complètement oubliée par Papa. Lui a voulu renier cet enfant pendant la grossesse.

Dans ce cas-là, notre raison peut comprendre : il avait peur d'être déçu si cela ne fonctionnait pas et pour ne pas souffrir a préféré croire qu'il n'y avait rien, il nie les faits.

Mélanie a enregistré « Je ne suis pas intéressante pour que l'on me porte une attention, je n'existe pas », ce qui ancre un peu plus cette dévalorisation, « Je ne suis pas intéressante, pas assez bien pour que papa veuille me voir et me connaître. »

Même si par la suite papa a été là pour bébé, l'enfant enregistre « Je dois faire beaucoup d'efforts pour que l'on m'aime. »

Alors que la maman, qui a suivi le conseil de la psychologue, va par la suite s'empêcher d'exprimer ce qu'elle a vécu. Comme le bébé gémit (parce que cela résonne en lui), maman pense qu'elle fait souffrir bébé et elle s'éloigne de lui. Ce qui était une résolution devient une souffrance et une incompréhension. « Maman ne me comprend pas et je ne la comprends pas. »

Ce qui était la plus grande difficulté d'aujourd'hui pour Mélanie : « La vie est une bataille et il vaut mieux que je me débrouille seule. »

Objectifs atteignables :

Née par siège, je viens à reculons, je fais différemment des autres. Il faut accepter sa différence pour en faire une force, un atout supplémentaire. Je fais les choses dans le sens inverse des autres. Je suis spéciale, unique.

Prématurée

Lola

Lola ne sait pas vivre pour elle, elle écoute les besoins de tous et s'oublie et n'arrive pas à avancer dans ses projets.

Histoire de Lola

Avant sa conception sa sœur aînée a un accident qui implique de nombreuses interventions, un grand stress et beaucoup de peurs vécues par les parents.

Pendant la grossesse, la famille vit le décès de l'arrière-grand-mère ainsi que le décès d'un cousin, mort nourrisson.

Papa a peur d'avoir un enfant anormal et de ne pas être à la hauteur.

Maman fait un rêve qui lui dit de ne pas aller dans une certaine maternité, car il y a danger. Elle écoute son ressenti et se dirige vers une autre maternité.

La césarienne est prévue mais le travail commence avant. Comme il va y avoir un changement d'équipe, la sage-femme donne un médicament pour stopper le travail ce qui enclenche des douleurs pour la maman.

Papa ne peut rien dire, rien faire, il se sent impuissant.

Lola a bu du liquide amniotique et développe un

problème respiratoire. Elle part en urgence pour un grand hôpital loin de ses parents. Papa doit choisir entre rester avec sa femme mais il ne reverra peut-être plus bébé ou aller avec bébé et laisser maman en grande souffrance.

Il choisit de rester auprès de maman. Lola reste trois semaines à l'hôpital.

Lola enregistre entre-autres :

Ne pas faire les choses trop tôt. J'ai besoin d'air, laissez-moi respirer et j'ai besoin d'être libre. J'ai peur que l'on ne me choisisse pas, de ne pas être aimable, j'ai besoin d'être choisie. Sentiment d'abandon, on ne m'aime pas assez pour me choisir, difficultés à faire des choix.

Pendant la grossesse beaucoup d'inquiétudes sur la sœur, de souffrances avec les décès dont le cousin (bébé). Comme si Lola vivait en mémoire de ce bébé.

« Je me sens stoppée dans mes projets, on décide pour moi… »

Objectifs atteignables :

Beaucoup d'intuition car si on écoute son intuition ou ressenti on est sauvé.

Je vais y aller, je vais y arriver. Je me choisis.

Être un cadeau

Julio

Julio a deux sœurs plus grandes. C'est un accident, une surprise. Maman a 39 ans et se demande si elle va pouvoir regarder grandir son enfant ! « Qu'est-ce qu'on fait ? On le garde ? ».

Les parents sont très contents quand ils apprennent que c'est un garçon. A 8 mois de grossesse la sœur de Julio est hospitalisée, cela provoque une grande peur.

La naissance est vécue comme un cadeau, en plus maman reçoit les félicitations de la sage-femme pour ce beau bébé et ce bel accouchement.

Papa, absent, arrive après, frustré de ne pas avoir été là au bon moment. Il faut faire les choses à temps, peur de ce qui peut se passer, on peut décider pour moi (est ce que l'on le garde ?) et en même temps je suis un cadeau ! Ai-je le droit d'apprécier les cadeaux ou de me valoriser ? Difficulté avec le temps : maman est-ce trop tard à 39 ans d'avoir un enfant ? et papa arrivé trop tard pour assister à l'accouchement.

Objectifs atteignables :

J'ai de la valeur, je suis surprenant, je profite du moment présent.

Florence

Florence est enfant unique. Ses parents se sont mariés bien avant sa conception. Ils n'avaient alors pas le projet d'avoir un bébé dans l'immédiat.

La méthode contraceptive de température ne

fonctionne pas. Papa est terrorisé, il est submergé par les peurs et l'insécurité d'avoir un enfant. Maman pense qu'elle s'est trompée en se mariant (regrets). Après la naissance de Florence, papa s'en va deux mois pour une formation. Maman se sent seule et terrorisée.

Florence a besoin de se sentir plus en sécurité et en même temps, elle est là grâce à une méthode contraceptive qui ne fonctionne pas, alors que c'est censé être une protection. Elle doit se créer sa propre sécurité. Je contrôle pour ne pas faire d'erreur. Je ne me sens bien que quand je pars en voyage, je me sens libre et plus paisible, comme papa a pu se sentir quand il est parti pour sa formation. On est comme libéré d'une responsabilité trop lourde.

C'est une réalité pour Florence « Chaque fois que je pars en voyage, je me sens libre et en sécurité » me dit-elle.

Objectifs atteignables :

Elle peut se créer sa propre méthode pour être en sécurité, partout où elle est, mais aussi pour créer des choses hors du commun.

Elle va assumer ses responsabilités, elle est imprévisible (créer la surprise).

L'accouchement

Rappel : Dans ce paragraphe, vous retrouvez les généralités de ce que l'accouchement a pu induire dans vos attitudes et comportements.

Il est important de penser que le contexte de ce qui se vit autour de l'accouchement, de comment maman et papa le vivent, va aussi changer la perception et la compréhension de ce qui est enregistré.

Selon ce qui s'est passé lors de l'accouchement, bébé va agir ou réagir d'une certaine façon.

Toutes les naissances, aussi faciles soient-elles, sont des traumatismes en soi car même pour un accouchement qui se passe comme « une lettre à la poste », l'enfant va avoir ce passage à faire.

D'un endroit confortable, sécurisé (le ventre), un milieu aquatique, à l'abri des bruits, de la lumière, tout se passe sans effort. « Je suis nourri, pas besoin de réclamer, tout se fait naturellement. »

Je vais être amené, après un passage étroit par lequel je me dois de passer, à arriver à l'extérieur en pleine lumière, avec du bruit. Dans ce nouvel environnement, je vais devoir respirer, apprendre à réclamer si j'ai froid, chaud, faim, si je suis mouillé,… Ce passage permet de passer d'un état à un autre, d'un lieu à un autre. Cette action est aussi de passer est aussi appelée l'engagement, le travail…

Ce travail peut durer de quelques heures à quelques jours pour certains accouchements.

La seule naissance qui se fait en quelques minutes est la césarienne.

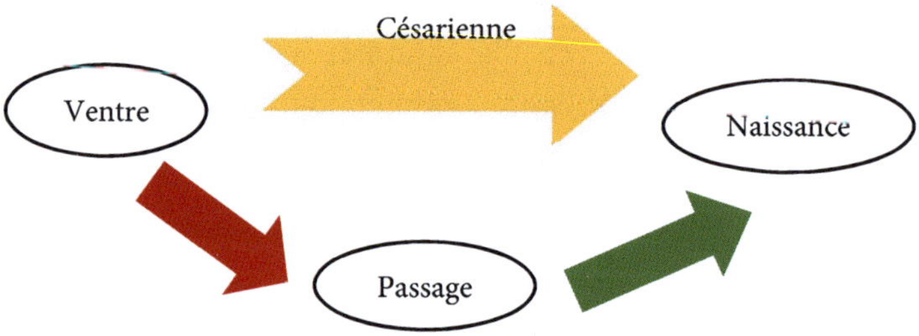

Césarienne

Une césarienne induite (programmée) :

Ce n'est pas le moment de la naissance, la porte est fermée, mais l'accouchement est déclenché artificiellement. C'est une naissance un peu surprenante en tant que bébé car je n'ai pas le temps d'apprivoiser le changement, je peux me sentir bousculé, frustré et avoir de la colère à cause de ce brusque changement.

La rapidité de l'action, le traumatisme physique pour maman engendre une perturbation, une colère, ce qui traduit un enfant qui n'aime pas être bousculé car il peut vite se sentir agressé.

« Je n'aime pas que l'on programme pour moi. »

La césarienne peut se faire alors que tout le processus du travail était bien avancé, les contractions, l'engagement puis, pour diverses raisons, bébé est bloqué alors vite la césarienne est réalisée en urgence.

La frustration est d'autant plus grande car bébé enregistre : « A quoi bon faire des efforts si c'est pour ensuite avoir besoin d'aide et naître par césarienne ? ».

Cela se traduit par une difficulté à faire des efforts à long terme, « je peux vite baisser les bras, j'ai des difficultés à faire les choses à long termes, j'ai besoin d'aide mais je peux la refuser dans la réaction, selon le contexte je peux éventuellement trouver les choses injustes. »

Forceps et Ventouses…

Il peut arriver qu'à dilatation complète, bébé ne réussisse pas à sortir.

Quand un bébé est en souffrance, parce que maman n'en peut plus et ne peut plus aider en poussant, ou que le bébé soit trop gros ou que le travail soit trop long, il est urgent d'intervenir. C'est à ce moment-là que l'obstétricien va se servir des forceps ou des ventouses pour aider l'enfant à naître et faciliter sa venue en tirant grâce à ces outils.

Ceci peut se traduire par : si je nais par forceps, je n'aime pas être forcé à faire quelque chose, ne venez pas me prendre la tête ! Pourtant comme je suis né avec de l'aide j'ai besoin d'être aidé et souvent je la refuse. L'important est d'entendre que je peux accepter un peu d'aide sans devenir quelqu'un d'assisté. Je peux me sentir forcé à faire un travail, un choix…

Engagement

Il peut arriver que pendant le travail, après quelques heures alors que bébé est engagé dans ce passage étroit, il reste coincé. Le médecin réagit alors rapidement pour la sécurité de l'enfant soit par une césarienne en urgence, soit par l'utilisation des forceps ou ventouses.

Cela peut engendrer :

Je peux avoir peur de m'engager car si je m'engage, je risque de me retrouver coincé voire même d'être en danger !

On retrouvera les personnes qui ont des difficultés à signer certains engagements « emprisonnants » comme un CDI, un mariage, un achat de maison…

L'engagement du bébé.

En même temps quelqu'un s'est peut-être engagé dans la généalogie, (grands-parents, arrière grands-parents…) dans quelque chose qui a été dramatique. Exemple : engagé dans une entreprise et elle a fait faillite, ils ont tout perdu, ou aussi engagé dans l'armée et n'est jamais revenu…

Je pense à **Lino**, un jeune garçon de 12 ans.

Sa maman veut une péridurale mais on lui dit qu'il n'y a personne pour la lui faire. Elle souffre beaucoup, puis c'est l'heure du changement d'équipe. Cette deuxième équipe est très à l'écoute mais il est trop tard pour la péridurale.

L'accouchement doit se faire sans, et bébé commence à souffrir donc il faut faire vite. Les forceps sont utilisés, maman me dit « Je croyais que l'on m'arrachait le ventre, je n'en pouvais plus, j'ai cru que n'arriverai jamais à faire naître mon bébé, j'avais tellement besoin d'aide. »

Lino, aujourd'hui, est en fait un garçon qui a toujours besoin d'être aidé. A l'école il a des AVS (Auxiliaire de Vie Scolaire) qui l'accompagnent depuis la primaire car il ne veut rien faire seul.

« Je n'y arrive pas tout seul, me dit-il. »

Lino n'a pas envie de s'engager à être autonome à prendre sa vie en mains, il ne se force ni à travailler, ni à faire un effort, on va le faire pour moi. Il a pu, ne pas se sentir soutenu par maman (maman a cru qu'elle n'arriverait jamais à faire naitre son bébé, elle était épuisée)

Le Cordon autour du cou

Le danger est que maman pousse et que bébé soit étranglé par le cordon qui est autour du cou de bébé.

La réaction enregistrée sera selon l'intensité du danger pendant l'accouchement, traduit par :

- « Je ne supporte pas tout ce qui est ras le cou, col, bijoux...
- « J'ai besoin, laissez-moi respirer, donnez-moi de l'espace » (personne aimant souvent le grand air, la montagne...).
- « je peux avoir des difficultés à m'engager dans le mariage. En France l'expression « Se passer la corde au cou » quand deux personnes se marient, reflète très

bien cette idée.

Par siège

Bébé se présente les fesses en avant.

C'était l'une des naissances les plus difficiles avant que la péridurale n'existe. La maman souffre beaucoup et l'enfant enregistre « J'ai fait souffrir maman. »

Ceci traduit une peur de blesser l'autre. Nous retrouverons plus tard les personnes qui se sacrifient pour les autres, ces personnes qui peuvent passer à côté d'une très belle réalisation pour ne pas faire souffrir les autres, qui ont de la difficulté à dire non.

Les personnes qui culpabilisent pour tout retiendront souvent. « C'est de ma faute. » De ce fait, elles attirent les situations d'accusation ou de manipulation.

Il est également possible d'interpréter ceci par : « Je peux prendre les choses sous un autre sens, les prendre à l'envers tout en étant très efficace et même surprenant. »

Couveuse

Un bébé est mis en couveuse pour différentes raisons : le bébé est soit né prématurément, soit il a besoin de chaleur, de surveillance, ou encore il est en difficulté… Du fait d'être en couveuse, l'enfant peut le vivre comme une bulle de protection ou comme un isolement.

Dans le cas d'un isolement, je peux avoir un sentiment de me sentir abandonné, pendant 9 mois j'ai été avec maman et là il n'y a plus personne, comme si je n'étais pas assez bien pour que l'on m'aime, pas assez important pour maman. J'ai peur que l'on m'abandonne, que l'on me laisse tomber, peur de la solitude.

Dans le cas d'une bulle de protection : j'ai besoin de créer ma bulle
« Foutez-moi la paix ! ».

Péridurale

Anesthésiant pour faire de l'accouchement un bel évènement en atténuant la souffrance de la mère. Il faut penser que bébé lui n'est pas anesthésié, il va faire son passage en se frayant un chemin et vivre les choses pleinement. Aujourd'hui la péridurale est dosée plus faiblement qu'il y a quelques années. Avant, les mamans ne sentaient plus du tout le bas du corps, ni les contractions, pourtant lors de la contraction la maman est sensée aider bébé pour progresser vers la sortie.

L'enfant pourrait à ce moment-là enregistrer : « Maman n'est pas là pour moi, elle ne m'aide pas, je dois faire les choses seul. » Il pourrait avoir peur de la douleur, la péridurale étant faite pour atténuer celle-ci.

Prématuré

Un bébé est considéré comme prématuré avant 8 mois de grossesse, et grand prématuré avant 7 mois. Il a besoin d'assistance respiratoire car il ne peut pas respirer seul.

Une arrivée trop tôt peut se traduire par : je peux être impatient, vouloir faire vite, avoir des difficultés à aller jusqu'au bout des choses. J'ai peur de souffrir, que l'on me laisse et m'abandonne. Je me sens coupé des ressentis affectifs. Je peux avoir de l'avance, faire les choses avant les autres, mais aussi avoir des idées trop tôt vis-à-vis de la période de découverte (des idées qui auront des intérêts quelques années plus tard seulement).

En tant que prématuré je peux avoir vécu une double séparation : une avec maman, la famille ; et une autre à la sortie de la maternité avec l'équipe soignante. Je peux avoir des difficultés à aller jusqu'au bout de mes projets (je suis allé jusqu'à un certain nombre de semaines), ou au contraire je me force à aller au bout car cela peut être dangereux de ne pas finir (on peut en mourir).

Pourquoi prendre en considération ce qui s'est passé avant la conception ?

Je suis une personne très rationnelle et il m'a fallu vivre des expériences concrètes pour avoir la certitude que ce que j'ai appris soit vrai pour moi.

Par exemple j'ai appris, avec Lise Bourbeau, le concept que « nous choisissons nos parents ».

Je suis sûre que vous êtes nombreux à avoir eu la même réaction à lire ou entendre : « Tu as choisi tes parents ».

La première fois que j'entends cela, je me suis dit : « Comment peut-on choisir ses parents ? Si j'avais réellement choisi mes parents, je n'aurais pas choisi ma mère ! ». Car à cette époque, il était impensable que je puisse imaginer avoir fait ce choix. Ma mère et moi étions en froid et j'étais encore loin de m'être réconciliée avec elle.

Certaines expériences m'ont été données de vivre pour confirmer ou non mes connaissances ou ressentis !

Je vais parler de monde de l'âme pour parler des mois avant notre conception. Si le monde de l'âme est un sujet qui vous dérange, passez directement au paragraphe suivant !

Il y a 20 ans, j'aurais moi-même sauté ce paragraphe.

Tout au long de mon parcours, j'ai eu la chance d'avoir rencontré et travaillé avec des personnes connectées à d'autres dimensions (à autre chose que le rationnel). Je pense à Agathe Raymond avec laquelle j'ai travaillé et je travaille encore et grâce à qui :

- j'ai pu lâcher un peu mon mental (c'est-à-dire être moins dans l'analyse et de vouloir toujours tout comprendre) et m'ouvrir à d'autres choses. Pourquoi lâcher le mental ? Peut-être imaginez-vous que vous ne pourrez plus penser, ni analyser, ni comprendre. Au contraire, vous libérez la partie qui vous sabote, qui est là pour vous dire « tu ne devrais pas, ne lui fais pas confiance, tu t'es déjà fait avoir et cela va recommencer, etc… ». A force de se « prendre la tête », on passe à côté de l'essentiel : le moment présent ce qui nous entoure, ceux qui nous accompagnent, le plaisir de se poser quelques instants pour être juste là à admirer un paysage, à observer un insecte…
- j'ai appris que j'étais l'association d'une âme, un ego, une personnalité.
- J'ai appris qu'il y avait des lois fondamentales universelles… (son enseignement des lois métaphysiques)

Comment ai-je la certitude que l'on a choisi nos parents avant d'être conçu ?

Alors que j'animais un atelier sur la relation parents-enfants, Matthieu mon fils aîné âgé à ce moment-là de 15 ans a voulu y participer. J'ai appris beaucoup de jour-là !

Lors d'un exercice, (où certaines personnes jouent le rôle de l'enfant, d'autres celui de la maman et d'autres celui du papa) j'invite les participants à aller dans le monde de l'âme pour rencontrer les parents pour ensuite aller jusqu'à l'incarnation, la naissance sur terre.

Lors de l'exercice, Matthieu doit remercier ses « parents » de bien avoir accepté de jouer leurs rôles. La personne qui me représentait ne connaissait pas mon histoire et répond : « Je ne peux pas te prendre dans mes bras, tu m'as demandé de t'abandonner. Là, je ne peux pas te porter. »

Il faut savoir que quand Matthieu est né, j'ai commencé à avoir des douleurs au bras droit. Pendant 18 mois, je n'ai pas pu le porter comme je le voulais et j'ai été hospitalisée à de nombreuses reprises et cela a été un sentiment d'abandon pour Matthieu.

Vivre cet exercice m'a beaucoup touchée. C'était comme un film qui se déroulait devant moi et qui me permettait de comprendre que tout était juste. Matthieu m'avait choisie pour vivre cet abandon alors que je culpabilisais beaucoup d'avoir laissé mon bébé, de ne pas avoir pu m'en occuper normalement. D'un côté, mon histoire avec ma propre mère reflétait le fait que je ne pouvais pas prendre mon bébé dans mes bras car je ne voulais pas devenir comme ma mère (ma relation avec ma maman a été très conflictuelle pendant de nombreuses années, j'étais persuadée qu'elle ne m'aimait pas et qu'elle me rejetait). D'un autre côté, Matthieu avait choisi de vivre ce sentiment d'abandon.

C'est à partir de ce jour-là que j'ai accepté l'idée que l'on choisit nos parents. J'ai eu de nombreuses autres confirmations lors d'ateliers d'histoire de naissance. C'est comme un film qui est tellement clair et explicite.

Je travaille avec les constellations. Il est difficile pour moi d'expliquer ce qu'est une constellation car c'est un outil surprenant, un jeu de rôles qui se joue avec le ressenti et les sensations. Il faut vivre cette expérience pour en connaître le contenu, l'importance.(voir chapitre constellations)

Une autre expérience riche en compréhension

Thierry, un garçon que je connais depuis de nombreuses années, se bat avec sa difficulté à être aimé. Il a une cinquantaine d'années et a de nombreuses amies. Mais dès que la dimension amoureuse rentre en compte, plus rien ne se passe. « Les femmes veulent de moi seulement en amitié et jamais en amour » me disait-il souvent.

Lors d'une constellation avec le monde de l'âme, lors de sa demande à une personne si elle veut bien accepter d'être sa maman dans cette vie, celle-ci refuse instantanément et s'éloigne avec un énorme chagrin.

Immédiatement une autre âme arrive en disant « Je veux bien être ta maman ! ». Ce qu'il accepte, mais sa mémoire cellulaire a enregistré le refus.

Sa maman a été une femme adorable qui l'a choyé et chouchouté, mais il restait avec une profonde amertume face à la femme « on m'a refusé » et il vivait le refus sans arrêt.

Quelques mois après cet exercice, Thierry a rencontré une personne qui l'accompagne encore dans sa vie aujourd'hui. Il a compris pourquoi les femmes ne tombaient pas amoureuse de lui, car sa plus grande peur était le refus, il valait mieux pour lui que la femme amoureuse reste éloignée de lui pour éviter toute souffrance.

Ce fut une expérience très émouvante, belle et riche en compréhension. Nous n'aurions pas compris cela si nous étions juste restés dans le conscient, le décodage.

La culpabilité

Il me semble important de parler de culpabilité.

Définition du sentiment de culpabilité : sentiment éprouvé par une personne qui se juge coupable de quelque chose.

Coupable : faire volontairement du mal à quelqu'un.

Alors je vous invite, si vous vous culpabilisez, à vous poser la question : « Est-ce que dans cette situation, j'ai voulu faire du mal ? »

Si oui, parce que j'ai voulu me venger ; je suis coupable et je dois en assumer la responsabilité et les conséquences.

Si la réponse est non, alors vous êtes « innocent », vous avez fait comme il vous semblait bon de faire, ou aussi comme il vous était possible de faire à ce moment-là.

Dans certaines situations ou à une certaine période, les choses et choix étaient imposés où nous n'avions pas conscience que cela pouvait être autrement.

C'est suite aux conférences ou lors de consultations que j'ai pris conscience de l'immense culpabilité de certains parents.

Les parents, aujourd'hui, ont souvent peur de ne pas faire la bonne chose, de ne pas avoir su faire, en réaction quelques fois à leur propre passé avec leurs parents.

Cette question revient perpétuellement : « Vous croyez que l'on a bien fait ? ».

Une maman, après une conférence, vient me dire « oh mais c'est horrible !!! Tout ce que j'ai fait porter à ma fille, vous vous rendez compte ? »

Non !!! Nous avons tous notre histoire de naissance et nos parents la leur. Ils ont vécu la période de notre naissance à leur façon, selon ce qui se passait à ce moment-là, selon les évènements extérieurs et au sein de la famille. Le bébé que nous étions n'était que rarement concerné.

Exemple : En aucun cas les parents ont décidé que c'est Dominique, ce bébé qui est là, que nous ne voulons pas. Ce sont les conséquences, le vécu de ce qui est là, à l'instant, que nous voulons rejeter mais pas l'enfant en tant que Dominique.

L’importance du clan

Je ne peux pas passer à côté d’un des sujets les plus importants pour moi : la famille.

C’est grâce à ma famille et ce qui s’est passé au sein de celle-ci que je fais ce métier aujourd’hui. C’est suite à un enseignement d’Agathe Raymond que j’ai pris conscience de l’importance du clan au niveau universel.

J’ai appris qu’il y a des lois fondamentales universelles, et que l’une d’elles est la loi du clan. Tant que j’étais en conflit avec une partie du clan, j’étais en conflit avec moi-même.

J’avais appris l’importance de la famille avec mon histoire personnelle et les souffrances que j’ai vécues.

Ces souffrances inconscientes se sont réveillées suite à la naissance de mon fils aîné parce que je devenais maman à mon tour.

Ma plus grande étape de vie a été d’accepter et d’accueillir ma maman telle qu’elle était, je me suis sentie rejetée pendant de nombreuses années.

Aujourd’hui j’ai la chance de pouvoir partager de vrais moments avec mes parents dans une très belle harmonie, ce qui ne pouvait même pas être pensable et imaginable jusqu’à mes 30 ans au moins.

Le clan se constitue de papa, maman, les frères et sœurs et par ordre de venue, en comptant les fausses couches et les ivg, chacun a sa place.

L'important est que vous soyez en harmonie intérieure par rapport à votre famille.

Je répète : « tant que je suis en conflit avec une des personnes du clan, je suis en dysharmonie avec moi-même ».

Il peut y avoir une ou plusieurs personnes de votre clan qui ne veulent pas que cela s'arrange, l'important est comment vous le vivez.

Si vous, vous êtes en colère et que vous leur en voulez, vous êtes en conflit intérieur.

Si au contraire, vous avez de la bienveillance pour ces mêmes personnes : alors vous êtes en harmonie avec le clan et vous-même.

Au début, il est difficile d'accueillir le fait qu'il est important d'accepter, d'accueillir la personne avec qui cela a été difficile ; mais une fois que cela se pose, se place tout va pour le mieux.

Soyez doux avec vous-même, vous pouvez accepter que, par moment, vous n'arrivez pas à accepter ce qu'il en est.

Mes plus belles expériences pour harmoniser le clan ont eu lieu lors de constellations, c'est à l'occasion de constellations "histoire de naissance" que certaines vérités se sont révélées et que chacun a pu prendre sa juste place.

Les enfants d'aujourd'hui

Je suis née en 1962, à l'époque où l'enfant était la résultante d'un mariage, d'une union entre deux personnes qui s'aiment (dans le meilleur des cas), le couple créait une famille.

Généralement, l'enfant se devait d'être discret, il fallait qu'il soit sage, qu'il se taise et qu'il obéisse, à la maison, à l'école. C'était leur façon de nous aimer, nos parents avaient appris comme cela.

Cela ne nous venait même pas à l'esprit de réagir face à un adulte, ce qui ne voulait pas dire non plus qu'au fond on était d'accord. Moi enfant, j'avais plus l'impression de subir et de n'avoir que des interdits, comme l'avaient d'ailleurs sûrement vécu mes parents et grands-parents.

Puis il y a eu la période où l'on a donné plus de liberté à l'enfant, il était plus reconnu, on était plus attentif à ses besoins.

Nous sommes passés par les enfants rois, il ne fallait surtout pas les frustrer, les contrarier, c'est ceux que je rencontre en cabinet qui ont souvent des peurs et vivent dans une insécurité, ils ont manqué de repères.

Aujourd'hui l'enfant a une grande place, on lui porte beaucoup d'attention.

J'ai remarqué que contrairement aux générations précédentes qui portaient l'histoire des généalogies, les petits eux font beaucoup bouger la famille.

Dès l'annonce d'une naissance, il n'est pas rare que je vois les parents, les grands-parents car cela vient un peu déstabiliser les fondations du clan. Cela ramène chacun et chacune dans sa propre histoire qu'on le veuille ou pas ; et s'il y a des « failles », il ne tient qu'à nous, adultes, de les réparer.

Les Constellations

Un mot rapide sur les constellations

Vous avez peut-être entendu parler de constellations familiales, ce sont les premières à avoir été mises en place par Bert Hellinger, psychothérapeute Allemand en 1970.

Depuis, diverses formes de constellations ont vu le jour mais en ayant toujours pour but d'accompagner et de permettre une libération dans une situation désagréable et limitante pour soi.

J'ai la chance d'être une femme curieuse et d'aller à la découverte de tout ce qui peut me permettre de mieux comprendre, d'être de mieux en mieux et d'être de plus en plus en accord avec moi-même et de faire découvrir.

J'ai vécu personnellement, de nombreuses sortes de constellations.

Professionnellement lors d'ateliers où je me trouvais limitée voire même bloquée, j'ai fait mettre en scène la situation et j'ai vu celle-ci se dénouer tout naturellement comme je l'ai exprimé dans d'autres paragraphes.

Je suis persuadée que nous sommes illimités dans tout ce qui peut être fait, l'important est de le faire avec le cœur, avec bienveillance et avec confiance. Si vous ne vous sentez pas de faire quelque chose avec quelqu'un, ne le faites pas !

Faites-vous confiance, vous êtes la personne la plus à même de savoir ce qui est bien pour vous.

Difficile de mettre en mot le contenu et le fonctionnement d'une constellation, la meilleure façon c'est de la vivre de près ou de loin (car souvent les gens disent avoir peur par rapport à ce qu'ils ont entendu des constellations, renseignez-vous auprès de plusieurs personnes ayant vécu cette expérience et vers qui vous pouvez aller).

Conclusion

Nous voici au terme de ce voyage de cette première partie de vie qui en dit déjà beaucoup.

Pour être vraie jusqu'au bout avec vous, j'avais une certaine appréhension inconsciente de finir d'écrire ce livre, ce qui explique l'attente pour de nombreuses personnes.

Pourquoi ?

Après la confirmation d'édition de mon premier livre je me suis retrouvée en urgence à l'hôpital pour une rupture d'une artère, le tronc cœliaque qui s'est guérit spontanément en une semaine. Ce qui s'explique très bien en métaphysique quand on fait le lien entre ce que je vivais à ce moment-là, une reconnaissance du clan et la réaction physique (rupture du tronc cœliaque) guérison d'une partie de mon histoire.

Depuis je sais qu'écrire un livre est une renaissance à quelque chose.

Plus encore quand le sujet est la naissance, je savais que cela me ferait vivre des expériences, pas toujours très confortables et en même temps très bénéfiques pour mon évolution.

Certaines situations racontées dans ce livre se sont vécues pendant l'écriture de celui-ci. Comme le départ de ma sœur jumelle, ce qui comme vous avez pu le lire, m'a fait revivre ma naissance du moins les émotions vécues après l'accouchement.

Je suis certaine qu'à travers ces récits vous vous êtes retrouvés, vous avez eu des compréhensions et fait des liens avec non seulement votre histoire, mais aussi celles des autres.

Et j'ai aussi conscience de la limite d'un livre qui n'est pas un accompagnement personnel, mais déjà un grand pas en avant pour celles et ceux qui n'en avaient aucunement conscience.

Pour ceux qui voudraient aller plus loin, rejoignez moi en consultations privées (en direct ou par Skype) afin de vous permettre d'aller à l'essentiel de ce qui est à transmuter et à libérer.

Pour vivre pleinement cette histoire en groupe, j'anime aussi les Ateliers « histoire de naissance », où j'allie décodage et constellations avec la richesse de l'énergie du groupe.

Pour les professionnels qui souhaiteraient ajouter cet outil à leur pratique, possibilité d'acquérir l'Histoire de Naissance en formation professionnelle. Je vous accompagnerai personnellement.

Retrouvez-moi sur www.dominquegeorges.com

Références

Agathe Raymond www.agatheraymond.com
Lise Bourbeau www.ecoutetoncorps.com
Jean jacques Crèvecœur www.jeanjacquescrevecœur.com
Pierre et Annie pour Point de bascule www.conversationpapillon.com
Jean Philippe Brébion www.bioanalogie.com

Questionnaire sur Votre Histoire de naissance

Pour vous guider dans la découverte de votre histoire ou celle de votre enfant : ce qui a été vécu, **ce qui a été ressenti**, ce qui vous a accompagné quelques fois bien malgré vous, sur le chemin de votre vie.

- Nom :...
- Prénoms :...
    - Appartiennent-ils à quelqu'un de la famille ? si oui qui ?
      ....
      ....
    - Qui a choisi le prénom ou les prénoms ?
      ....
      ....
    - Était-ce celui prévu par les parents ?
      ....
      ....
- La date de naissance :...
    - Est-ce la date d'anniversaire de quelqu'un de la famille ? Ou d'un événement ?
      ....

- ❖ Place dans la famille (Ainé, second, troisième…)

…………………………………………………………………………………

  - ○ J'ai combien d'écart avec l'enfant avant et après moi ?

    ………………………………………………………………………

- ❖ **Année de naissance :**……………………………………………………

  - ○ **Y a-t-il eu des événements particuliers pendant cette période ou cette année là ?**

Que vivait la famille dans la période des 27 mois (Papa, maman, toute la famille) ?

Événements importants (aidez-vous des questions ci-dessous) :

L'important est de noter votre ressenti en tant que parents ou le ressenti des parents.

Y a t il eu :

- Un projet d'avoir un enfant ?

  ....

- Une préférence Fille ou Garçon ?

  ....

- Une fausse couche ?

  ....

- Un IVG, un IMG (interruption médicale de grossesse) ?

  ....

- Diplômes ?

  ....

  ....

  - Si oui Réussite du diplôme ?

    ....

Y-a-t-il eu :

❖ Un déménagement ? □ Oui □ Non

- ◦ si oui pourquoi ?
  ……………………………………………………………………
- ◦ Comment a-t-il été vécu par maman ?
  ………………………………………………………………………
- ◦ Par Papa ?
  ………………………………………………………………………

❖ Le mariage des parents (avant conception ou après)
…………………………………………………………………………

❖ Que faisait Papa comme travail ?
…………………………………………………………………………

Maman ?……………………………………………………………………

- ◦ Ont-ils changé quelque chose dans leur travail suite à ma venue ?
  ………………………………………………………………………

❖ Un deuil (si oui, le ressenti vécu) ? Que représentait cette personne pour les parents (soutien, sécurité, affection…) ?
…………………………………………………………………………
…………………………………………………………………………
…………………………………………………………………………

❖ Des Conflits ?

- Entre les parents

  ……………………………………………………………………

- Dans la famille

  ……………………………………………………………………

  ……………………………………………………………………

- Autres…

  ……………………………………………………………………

  ……………………………………………………………………

❖ Comment les conflits ont été vécus par papa et maman ?

……………………………………………………………………

……………………………………………………………………

❖ Comment ont réagi les personnes de la famille à l'annonce de la venue d'un enfant ?

- Papa

  ……………………………………………………………………

- Maman

  ……………………………………………………………………

- Grands-parents maternels

  ……………………………………………………………………

- Grands-parents paternels

  ……………………………………………………………………

- Oncles, tantes

  ……………………………………………………………………

- Frères, sœurs

  ……………………………………………………………………

❖ Comment a réagi l'employeur ?

- de papa

  ....

- de maman

  ....

❖ Qu'est-ce que j'ai entendu dire d'autre ?

Conception et Grossesse

- Est-ce que l'enfant est désiré ?
  □ Pas prévu □ Désiré □ Très Désiré □ Autre.................

- Comment a été vécue la période de grossesse par maman ?

  - santé :...
    ....
  - travail :
    ....
    ....
  - relations :
    ....
    ....

- Par Papa ?
  ....
  ....
  ....

- Papa était-il présent auprès de maman au cours de la grossesse ?
  ....
  ....

  - Comment s'est sentie maman face à cela ?
    ....
    ....

❖ Y a-t-il eu des risques, des peurs, des angoisses (peurs d'accoucher, de faire une fausse couche, d'avoir un enfant anormal…) ?

………………………………………………………………………

………………………………………………………………………

❖ Quelles personnes étaient très présentes autour de papa, maman ? de quelles façons étaient-elles présentes ? (rassurantes, processives…)

………………………………………………………………………

………………………………………………………………………

………………………………………………………………………

………………………………………………………………………

- Comment le vivaient Papa et Maman ?

  ………………………………………………………………………

❖ Y-a-t-il eu besoin de médecins hors des visites obligatoires ?

………………………………………………………………………

………………………………………………………………………

❖ Y a-t-il eu des réflexions, des félicitations, des erreurs de la part du monde médical (médecins, sages-femmes…)

………………………………………………………………………

………………………………………………………………………

………………………………………………………………………

Naissance

Comment s'est passé l'accouchement ?

- ❖ Date : à terme, avant, après la date prévue ?

  ....

  - ° Durée (quelques heures, une journée…)

    ....

  - ° Naturel ou césarienne, forceps, siège…

    ....

  - ° Comment maman l'a vécu ?

    ....

    ....

  - ° Papa ?

    ....

- ❖ Comment s'est passé l'accompagnement du corps médical ?

  ....

  ....

- ❖ L'accouchement s'est-il passé comme maman le désirait (à la maison, dans l'eau…) ?

  ....

  ....

- Y a-t-il eu des peurs, angoisses ?

  ....
  ....
  ....

L'accueil dans la famille

- Comment ai-je été accueilli en tant que fille ou garçon ?

  ....
  ....

- Les réactions de la famille :

  - Maman :

    ....
    ....

  - Papa :

    ....
    ....

  - Grands parents :

    ....
    ....

  - Frères et sœurs :

    ....
    ....

  - Famille :

    ....

Les 9 premiers mois de vie

Comment se passent les 9 premiers mois ?

❖ Allaitement, alimentation,… :

....

❖ Sommeil :

....

....

❖ Maladies :

....

....

....

Evénements particuliers

❖ Qui garde l'enfant (nourrice, famille…) ?

....

....

- Comment cela se passe-t-il ?

  ....

  ....

❖ Comment se passe la séparation quand Maman reprend le travail ?

....

❖ Comportements de l'enfant (sage, agité, pleurs…) ?

…………………………………………………………………………………

❖ Autres événements particuliers importants ?

…………………………………………………………………………………

❖ Comment papa et maman vivent avec Bébé ?

…………………………………………………………………………………

Cet ouvrage a été composé par Edilivre

175, boulevard Anatole France – 93200 Saint-Denis

Tél. : 01 41 62 14 40 – Fax : 01 41 62 14 50

Mail : client@edilivre.com

www.edilivre.com

Tous nos livres sont imprimés
dans les règles environnementales les plus strictes

ISBN papier : 978-2-414-03461-1

ISBN pdf : 978-2-414-03462-8

ISBN epub : 978-2-414-03460-4

Dépôt légal : mai 2017

Imprimé en France, 2017

Printed by Amazon Italia Logistica S.r.l.
Torrazza Piemonte (TO), Italy

41051293R10060